어서 와!

강아지가 우리 집에 왔어!

강아지가 우리 가족이 되면 어떨까요? 강아지와의 일상을 들여다보아요!

놀아 줘!

멍멍! 반가워!

누구야?

잘 부탁해!

여기 좋아!

드디어 강아지와
가족이 되었어요!
귀여운 강아지가 집을 탐색해요.

킁킁!

킁킁!

그렇게 훌쩍 커 가는 강아지들.
쑥쑥 자라난 개는 반려인을 사랑해요.
앞으로도 계속 함께 있자!

햇살 좋아!

차례

🌸 1장 나도 강아지 키울래!

다양한 종류의 개 알아보기 …… 18	건강한 강아지 데려오기 …… 34
데려오기 전에 생각하기 …… 28	데려오기 전에 체크할 것들 …… 36
개의 성장과 수명 알아보기 …… 30	강아지가 우리 집에 오면 …… 40
반려 강아지 맞이하기 …… 32	강아지와 친해지는 3가지 규칙 …… 42

🌸 2장 매일매일 어떻게 돌볼까?

매일 돌보며 친해지기 …… 50	개가 안전하게 지낼 환경 만들기 …… 58
성장에 맞게 먹이 선택하기 …… 52	즐거운 산책 나가기 …… 60
올바르게 먹이 주기 …… 54	손질 방법 익히기 …… 64
간식을 활용해서 의사소통하기 …… 56	집 보기 연습하기 …… 68

🌸 3장 훈련을 마스터하자!

훈련의 기본 배우기 …… 78	기본 훈련에 도전하기 …… 84
반려인의 손을 좋아하게 만들기 …… 80	산책에 도움이 되는 훈련 …… 92
배변 장소 가르치기 …… 82	곤란한 행동을 한다면 …… 94

🌸 4장 우리 더욱 친해지자!

바르게 안는 방법 배우기 …… 106	개와 함께 놀기 …… 112
다양한 재주 가르치기 …… 108	개와 함께 외출하기 …… 116

🌸 5장 너의 기분을 알고 싶어!

표정과 몸짓으로 개의 기분 알기 …… 128	· 울음소리 …… 132
· 표정 …… 129	· 몸짓 …… 134
· 자세 …… 130	

🌸 **에필로그** 앞으로도 호두와 함께! …… 138

등장인물

유나
초등학교 4학년으로, 밝고 명랑한 성격이에요. 동물을 매우 좋아하고, 한번 마음먹으면 꼭 해내려고 해요.

호두
토이 푸들 수컷으로, 반려동물 가게에서 유나와 만나 가족이 되었어요.

유찬
유나의 남동생으로 초등학교 2학년이에요. 고집이 세지만 호두를 아끼고 잘 돌봐 줘요.

할머니 (까망이)
유나의 고민 상담을 잘 해 주며, 10살 된 시바견 까망이를 기르고 있어요.

엄마
조금 엄격할 때도 있지만, 생명의 소중함을 잘 알기 때문이에요.

혜린 (토토)
유나의 친구. 5살 된 골든 리트리버 토토를 기르고 있어요.

아빠
밝고 유쾌한 스타일로, 호두와도 금방 친해져요.

훈련소 선생님
유나의 집 근처에 있는 반려견 훈련소 선생님. 훈련의 중요성을 가르쳐 줘요.

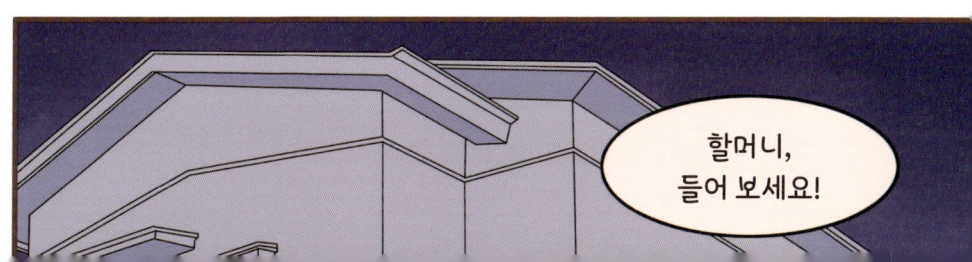

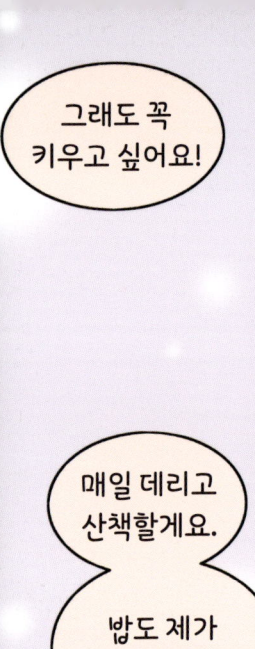

다양한 종류의 개 알아보기

전 세계에 있는 개는 300종이 넘는다고 해요.
그중 인기 있는 개들을 소개할게요!

토이 푸들  소형견

사람을 잘 따르는 명랑한 성격으로, 가장 많이 기르는 개 중 하나예요. 운동을 매우 좋아하고 머리가 좋아서 함께 놀거나 재주 배우는 것도 잘해요. 복슬복슬한 털은 계속 자라기 때문에 자주 손질해 주세요.

복슬복슬한 털이 포근해 보여!

털 색깔
- 붉은색
- 흰색

살구색

프로필
- 몸무게 …… 3kg 전후
- 몸높이 …… 28cm 이하
- 원산지 …… 프랑스

치와와 *소형견*

현재 알려진 개 종류 중에서 몸집이 가장 작으며, 털 길이에 따라 장모와 단모로 나뉘어요. 성격은 활발하고 밝으며 노는 것을 매우 좋아하지요. 약간 자기 마음대로인 점도 매력이에요.

동글동글한 눈이 매력 만점!

프로필
- 몸무게 ······ 0.5~3kg
- 몸높이 ······ 15~23cm
- 원산지 ······ 멕시코

미니어처 닥스훈트 *소형견*

프로필
- 몸무게 ······ 4.5~4.8kg
- 몸높이 ······ 35cm 전후
- 원산지 ······ 독일

닥스훈트의 매력은 뭐니 뭐니 해도 긴 몸통과 짧은 다리예요! 겁이 많지만, 똑똑하고 기억력이 좋아서 훈련시키기 쉽답니다. 미니어처 외에도 몸무게가 10kg 전후의 스탠더드, 3.5kg 이하의 카닌헨이 있지요.

다리는 짧지만 달리기를 아주 잘해!

진돗개 중형견

우리나라를 대표하는 늠름한 개야!

역삼각형의 머리와 곧게 세운 귀가 특징이에요. 몸은 누런 갈색 또는 흰색이에요. 성격이 대담하고 용맹하며, 반려인에 대한 충성심이 뛰어나지요. 우리나라의 천연기념물이기도 하답니다.

프로필
- 몸무게 ……… 15~20kg
- 몸높이 ……… 45~53cm
- 원산지 ……… 대한민국

포메라니안 소형견

얼굴 주위에 사자의 갈기처럼 복슬복슬하게 난 털이 특징이에요. 아주 귀여운 얼굴이지만 성격은 무척 용감해요. 소형견 중에서는 비교적 튼튼하고 오래 살아요.

복슬복슬한 갈기가 멋지지?

프로필
- 몸무게 ……… 1.5~3kg
- 몸높이 ……… 18~22cm
- 원산지 ……… 독일

난 운동을 좋아해!
매일 많이 놀아 줘야 해!

미니어처 슈나우저 소형견

슈나우저는 독일어로 '수염'이라는 뜻이에요. 이름처럼 입 주변에 근사한 수염을 기른 것처럼 보이는 것이 특징이지요. 상냥하고 온순한 개가 많아서 반려인에게 좋은 친구가 되어 줄 거예요.

프로필
- 몸무게 ······ 4~8kg
- 몸높이 ······ 30~35cm
- 원산지 ······ 독일

요크셔테리어 소형견

비단결처럼 부드러운 털이 아름다워서 '움직이는 보석'이라고 불려요. 성격은 장난기가 많고 매우 활발해요. 어리광 부리는 강아지가 많고, 외로움을 잘 느끼는 편이에요.

프로필
- 몸무게 ······ 3.1kg 이하
- 몸높이 ······ 22.5~23.5cm
- 원산지 ······ 영국

예쁜 털이
내 자랑거리야~

시추 소형견

풍성한 털로 뒤덮인 모습이 사랑스러운 개예요. 커다란 눈동자, 짧고 네모진 코와 주둥이가 매력적이에요. 온순하고 밝은 성격이 많아서 제대로 훈련시키면 멋진 놀이 상대가 되어 줄 거예요.

난 밝고 사교적이야!

프로필
- 몸무게 …… 4.5~8.1kg
- 몸높이 …… 27cm 이하
- 원산지 …… 중국(티베트)

우아한 순백의 요정~

몰티즈 소형견

유럽의 귀족들에게 귀여움을 받았던 개로, 새하얀 털이 아름다워요. 성격은 밝고 활발하며 응석꾸러기가 많은 편이에요. 머리가 매우 좋아서 훈련이 잘 되지요.

프로필
- 몸무게 …… 2.5~4kg
- 몸높이 …… 20~25cm
- 원산지 …… 몰타

프렌치 불도그 〔소형견〕

주름이 많은 얼굴 모양과 박쥐 날개처럼 생긴 귀가 특징이에요. 짖거나 소란스러운 강아지가 드물고, 냄새도 거의 나지 않아서 실내에서 키우기 좋아요. 반려인이 말하는 것도 정확히 알아들어서 훈련도 쉬워요.

쭈글쭈글한 얼굴이 내 매력이야!

프로필
- 몸무게 ······· 8~14kg
- 몸높이 ······· 30cm 전후
- 원산지 ······· 프랑스

골든 리트리버 〔대형견〕

매우 친근한 성격이라 인기가 아주 많아~

몸집이 크고, 둥근 이마와 처진 눈을 가지고 있어 인상이 부드러워요. 성격도 매우 온순해서 모든 사람에게 친근해요. 원래는 물가에서 사냥하던 개로, 헤엄을 잘 친답니다.

프로필
- 몸무게 ······· 25~34kg
- 몸높이 ······· 51~61cm
- 원산지 ·· 영국(스코틀랜드)

활력이 넘치고
운동을 좋아해!

웰시 코기 소형견

긴 몸통과 짧은 다리가 특징이에요. 영국 엘리자베스 여왕의 반려견으로 유명해졌어요. 사람을 잘 따르며 성격이 매우 활발하답니다. 집중력이 높아서 기본적인 훈련을 금방 익힐 수 있어요.

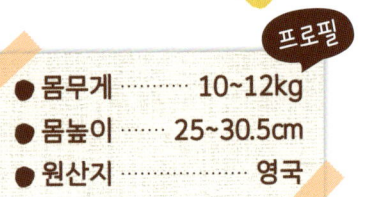

프로필
- 몸무게 ······· 10~12kg
- 몸높이 ······· 25~30.5cm
- 원산지 ················ 영국

파피용 소형견

귀 모양이 나비 날개처럼 생겼어요. 파피용은 프랑스어로 '나비'라는 뜻이에요. 몸통이 호리호리하고, 매우 활발해요. 튼튼한 몸을 가지고 있어 반려하기 쉬운 견종이에요.

프로필
- 몸무게 ······· 4~4.5kg
- 몸높이 ······· 20~28cm
- 원산지 ··· 프랑스, 벨기에

우아한 몸짓이
매력적이야!

카바리에 킹 찰스 스파니엘 *소형견*

프로필
- 몸무게 ········ 5.4~8kg
- 몸높이 ········ 31~33cm
- 원산지 ············ 영국

처음 본 사람과도 금세 친해질 정도로 온순하고 상냥한 성격이에요. 머리가 좋아서 훈련도 쉽게 따라 할 수 있지요. 곱슬거리는 털을 예쁘게 유지하려면 꼼꼼한 빗질이 필요해요.

구불구불한 털이 매력적이야!

잭 러셀 테리어 *소형견*

성격이 밝고 쾌활해요. 머리가 아주 좋아서 제대로 훈련시키면 규칙을 바로 이해하지요. 원래는 사냥개로, 운동을 아주 좋아해서 넓은 곳에서 노는 것을 더 좋아해요!

프로필
- 몸무게 ········ 4.5~6.8kg
- 몸높이 ········ 25~38cm
- 원산지 ············ 영국

뛰어다니는 게 제일 좋아~!

퍼그  소형견

고집이 좀 세지만 반려인을 엄청 좋아해~!

주름 가득한 얼굴과 찌그러진 코, 처진 눈이 매력적이에요. 매우 영리한 개로, 짖거나 소란을 피우는 일이 드물어 실내에서 키우기 좋아요. 더위에 약하니 온도 관리에 신경 써야 해요.

프로필
- 몸무게 ········ 6.3~8.1kg
- 몸높이 ········ 25~28cm
- 원산지 ········ 중국

미니어처 핀셔 소형견

어때, 강아지계의 슈퍼 모델감이지?

날씬하게 뻗은 다리와 짧은 털이 특징이에요. 단단한 근육과 당당하게 선 자세가 인상적인 개랍니다. 성격이 매우 용감하고 머리도 좋지요. 신뢰하는 반려인에게는 넘치는 애정을 표현해요.

프로필
- 몸무게 ········ 4~6kg
- 몸높이 ········ 25~30cm
- 원산지 ········ 독일

래브라도 리트리버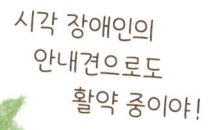

대형견

어릴 적에는 장난꾸러기가 많지만, 자라면서 매우 온순하고 부드러운 성격으로 바뀌어요. 운동이 특기로, 특히 수영과 공놀이를 좋아해요. 시간을 들여 오래 놀아 주세요.

시각 장애인의 안내견으로도 활약 중이야!

프로필
- 몸무게 ········ 25~34kg
- 몸높이 ········ 54~57cm
- 원산지 ········ 영국

믹스견

서로 다른 종류 사이에서 태어난 개를 '믹스견'이라고 불러요. 그중 치와푸(치와와 x 푸들)와 말티푸(말티즈 x 푸들), 치위니(치와와 x 닥스훈트) 등이 인기가 많아요. 각각의 장점을 겸비한 데다 개성 있는 생김새로 사랑받고 있지요.

다양한 종류의 좋은 점만 닮았어!

몰티푸
(몰티즈 x 푸들)

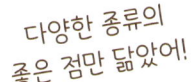

치와푸
(치와와 x 푸들)

데려오기 전에 생각하기

호두의 마음
우리는 혼자서 아무것도 할 수 없어요. 계속 같이 살 수 있을지, 잘 생각해 보고 데려가 주세요!

꼭 가족들과 의논해야 해!

끝까지 책임지고 보살필 수 있을지 생각해 보아요

개를 키우는 일은 새로운 생명을 맞이한다는 거예요. 가족으로서 맞이한 생명을 반려인의 사정으로 버려두는 일이 없도록 끝까지 책임지고 보살필 수 있을지, 곰곰이 생각해 보아요.

개의 평균 수명은 15년 전후라고 하지만, 더 오래 사는 개도 많아요. 그만큼 오랫동안 매일 보살펴야 한다는 것을 잊지 마세요.

🏠 가족과 의논해요!
개를 기르려면 여러 가지 비용이 드는 데다 돌보고 관리하는 책임은 어디까지나 반려인에게 있습니다. 자녀의 연령에 따라 어느 정도까지 책임을 맡길 수 있을지, 데려오기 전에 반드시 의논해 보아요.

개와 함께 살 수 있을까?

모든 질문에 ✓를 하기 어렵다면 개를 기르는 것은 아직 이를지 몰라!

 할 수 있다면 □ 안에 ✓를 표시해요!

체크1 매일 규칙적으로 보살필 수 있나요?

□

배고파~~

식사와 산책, 매일 하는 손질 등 강아지와 함께 살려면 해야 할 일이 많아요. 이런 보살핌을 매일 할 수 있을지, 데려오기 전에 잘 생각해 보아요.

체크2 15년 후까지 같이 지낼 수 있나요?

□

어른이 되어도 잘 보살펴 줄 거지?

개의 수명은 15년 전후예요. 어른이 되어서도 지금처럼 꾸준히 돌볼 수 있을지 상상해 보아요. 개를 키우기 시작하면 보살피는 일을 중간에 그만둘 수는 없어요.

체크3 안심하고 키울 수 있는 환경을 마련할 수 있나요?

□

편안하게 지내고 싶어~♪

살고 있는 집에서 개를 길러도 괜찮은지, 또 우리나 이동장을 둘 만한 곳이 있는지, 개를 기르기 위한 환경을 준비할 수 있는지도 미리 확인해 두어야 해요.

체크4 훈련을 제대로 할 수 있나요?

□

올바른 규칙을 가르쳐 줘~!

개와 함께 살려면 이웃들에게 불편을 끼치지 않도록 최소한의 교육이 필요해요. 그러기 위해서 훈련 시간을 마련할 수 있는지 생각해 보아요.

개의 성장과 수명 알아보기

개와 사람의 나이를

개는 눈 깜짝할 사이에 자라. 사람 수명과 비교하면 이해하기 쉬워!

	1개월	3개월	6개월	1세
소형견·중형견	1개월	3개월	6개월	1세
대형견	1개월	6개월	1세	3세
사람	1세	5세	9세	17세

어미 개, 형제 개들과 함께 지내요

태어나자마자 어미젖을 먹으며 형제들과 어울려서 지내요.

마음과 몸이 성장하는 시기

보통 입양되는 시기예요. 몸도 마음도 쑥쑥 자라기 때문에 식사와 운동에 신경 써 주세요.

호두의 마음

아래 표의 연령은 대략적인 거예요! 건강하게 오래 살 수 있도록 제대로 보살펴 줘요!

10살이 넘으면 노견

10살이 넘는 개는 사람으로 치면 노인으로, 활동량이 줄어요. 상태를 잘 관찰하여 쾌적한 생활을 할 수 있도록 도와주세요.

비교해 보자!

3 세	5 세	8 세	11 세	13 세	15 세	19 세
	4 세	6 세	8 세	9 세	10 세	13 세
28 세	36 세	48 세	60 세	68 세	76 세	92 세

일생 중 가장 활발한 시간

1~9살까지는 개의 일생 중 가장 활동적인 시기예요. 암컷의 경우 2~5살 정도에 새끼를 낳을 수 있어요.

멍멍! 무엇이 궁금하멍?

계속 함께 있을 수는 없어?

개의 수명은 사람보다 훨씬 짧아. 그래서 반드시 헤어져야 하는 때가 와. 그때가 오면 매우 슬프겠지만 끝까지 잘 배웅해 주면 좋겠어.

반려 강아지 맞이하기

믿을 수 있는 곳에서 데려오자

강아지를 데려오는 방법은 여러 가지가 있지만, 반려동물 가게에서 데려오는 경우가 많아요. 어느 쪽이든 강아지를 실제로 보고 데려와야 해요. 이때 강아지가 건강한지, 어떤 환경에서 자라고 있는지를 꼭 확인하세요.

가족의 일원을 데려오는 것이니, 반드시 다른 가족과도 의논하고 결정해요.

어떤 사람이 내 가족이 될까?

두근두근 ♡

두근 두근 ♡

호두의 마음
어떤 반려인과 살게 되는 걸까요?
우리도 엄청 두근거려요!

강아지와 만날 수 있는 장소는 이런 곳!

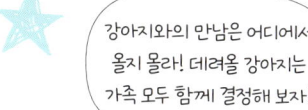
강아지와의 만남은 어디에서 올지 몰라! 데려올 강아지는 가족 모두 함께 결정해 보자!

반려동물 가게

청결하고 바르게 보살피고 있는 곳!

반려동물 가게의 강아지는 어떤 환경에서 자라고 있을까요? 가게 안이 청결한지, 운동 공간이 마련되어 있는지, 하나의 우리에 많은 강아지를 넣지는 않았는지 확인해 보아요. 가게 주인이 개에 관하여 자세히 알고 애정을 가진 사람이라면 개에 대해서 상담할 수 있어서 안심이 된답니다.

반려동물 가게의 좋은 점
- 먹이와 손질 용품도 함께 구입할 수 있다.
- 여러 종류의 개를 볼 수 있다.
- 보험과 보증이 포함된 경우가 많다.

브리더

자란 환경이나 부모가 어떤 개였는지 확인 가능!

브리더는 특정 종류의 개를 번식시키는 사람을 말해요. 브리더에게서 데려올 때는 강아지가 자란 환경, 어미와 형제를 보여 주기도 해요. 반려동물 가게와는 다르게 데려올 강아지를 정한 다음 어느 정도 기다려야 하는 경우도 있어요.

브리더의 좋은 점
- 어미 개와 보낸 시간이 길어 강아지가 말을 잘 알아들을 수 있다.
- 데리고 있는 개의 종류에 관한 자세한 지식을 가지고 있다.

보호 단체 등

유기견의 새로운 반려인 되기

반려인을 잃은 개를 보호하며 새로운 가족을 찾아주는 보호 단체에서 데려오는 방법도 있어요. 또다시 반려인을 잃는다면 강아지가 너무 슬프겠죠? 신중하게 고민한 후 데려오세요.

새로운 가족을 기다리고 있어!

건강한 강아지 데려오기

마음에 드는 강아지를 찾아보자

같은 종류의 강아지라도 개성은 제각각이에요. 성별과 털색 이외에 얼굴 생김새, 성격, 건강 상태도 조금씩 달라요. 꼼꼼히 관찰해 잘 맞는 강아지를 찾아보아요.

포인트! 개 종류와 성별을 정할 때

개인차가 있지만, 개 종류와 성별로 앞으로의 몸 크기, 대략적인 성격을 알 수 있어요.

종류는?
개의 종류에 따라 성격은 각양각색이에요! 다양한 강아지를 살펴본 후 마음에 드는 강아지를 찾아보아요.

성별은?
일반적으로 수컷은 호기심이 강하며 응석을 부리고, 암컷은 상냥하고 온순한 경우가 많다고 해요.

항상 함께 놀아 준다면 좋을 텐데….

호두의 마음
같이 지내다 보면 성격이 변하기도 해요. 점점 반려인을 닮아 가서 그런 걸까요?

강아지의 건강 상태는?

 괜찮으면 □ 안에 ✓를 표시해요!

> 강아지의 건강 상태를 확인할 수 있는 방법을 알려 줄게. 데려올 때에 참고해!

체크 · 체격
- 묵직하다.
- 몸이 단단하고 안기 쉽다.

체크 · 털
- 털이 빽빽이 나 있다.
- 불쾌한 냄새가 나지 않는다.
- 피부에 부스럼이 보이지 않는다.

체크 · 눈
- 눈 주위가 눈물이나 눈곱으로 지저분하지 않다.

체크 · 코
- 콧물이 나오지 않는다.
- 반질반질하고 조금 축축하다.

체크 · 입
- 이가 하얗고 가지런하다.
- 냄새가 고약하지 않다.

체크 · 항문
- 꽉 닫혀 있다.
- 꼬리 주위가 지저분하지 않다.

체크 · 다리
- 관절이 곧고 뼈가 단단하다.
- 걸을 때 휘청대지 않는다.

멍멍! 무엇이 궁금하냥?

머즐이 뭐야?

코에서 주둥이까지의 부분을 '머즐'이라고 해. 예민한 곳이니까 세게 쓰다듬지 마!

머즐

포인트! 강아지에게 말을 걸어서 성격을 확인해요!

강아지를 향해서 "이리 와!"라고 말을 걸어 보아요. 곧바로 달려오는 강아지는 활발한 성격이고, 조금 늦게 오는 강아지는 느긋한 성격이에요. 짖거나 쭈그려 앉는 개는 겁이 많거나 낯을 가리는 것일지 몰라요. 만나러 가는 시간대나 그날의 컨디션에 따라 반응이 다를 수도 있어요.

이리 와!

데려오기 전에 체크할 것들

1 가족들의 역할을 정해요

강아지를 데려오면 조금이라도 빨리 새로운 집에 익숙해지기를 바라게 되지요. 잘 보살필 수 있도록 미리 가족과 상의해 두어요. 산책, 청소, 먹이 주기 등 담당을 정한 후에, 자신의 역할에 책임을 지고 돌봐야 해요.

> 자신이 할 수 있는 일과 할 수 없는 일을 가족과 제대로 상의해야 해.

> 제대로 돌봐 줄 수 있어?

호두의 마음

> 담당자가 돌보기 어려운 상황이 생기면 누가 대신 할지도 정해 두면 좋겠어요!

2 필요한 물품을 마련해요

데려온 개가 안심하고 지낼 수 있도록 주거 용품, 사료, 배변 용품 등을 미리 준비해 두어요. 물품은 개의 몸 크기에 맞는 것으로 골라 주세요.

내 사이즈로 준비해 줘!

준비해야 할 물품

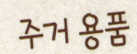
주거 용품

물품도 소형견용, 대형견용 등 다양한 사이즈가 있어!

이동장

자거나 쉴 때 개가 편안하게 지낼 수 있는 방이에요. 이동장이 너무 크면 불안해할 수 있으니 몸 크기에 맞는 것으로 골라야 해요.

우리

배변 훈련을 할 때나, 강아지가 혼자 있을 때 사용해요. 점프해서 뛰어넘지 못하도록 높이가 있는 것으로 고르세요.

먹이 그릇

매일 사용하기 때문에 흠집이 잘 나지 않고 씻기 쉬운 것을 선택해요. 뒤집어지지 않도록 안정감 있는 그릇이 좋아요.

물그릇

강아지는 물을 자주 마셔요. 물그릇뿐 아니라 병 모양의 물통도 준비해서 이동장이나 우리에 매달아 사용해요.

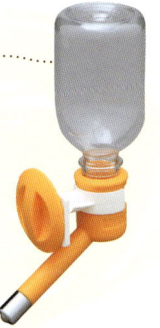

배변 용품

배변 트레이

배변 패드를 고정할 수 있는 판이에요. 어릴 때에는 실수하는 경우가 많으므로 몸집보다 조금 큰 것으로 골라 주세요.

배변 패드

사이즈, 천 종류, 두께 등에 따라 여러 종류가 있어요. 자주 쓰기 때문에 넉넉하게 준비해 두세요.

손질 용품

털을 빗거나 이를 닦는 도구가 필요해요. 브러시와 칫솔, 치약을 준비해 두세요.

외출 용품과 손질 용품은 천천히 준비해도 괜찮아.

외출 용품

목걸이, 목줄

개의 몸 크기에 맞는 튼튼한 것으로 골라요. 훈련할 때도 사용하기 때문에 여분으로 몇 개 더 준비해 두면 좋아요.

소프트 이동장

플라스틱 이동장보다 가볍고 운반하기 쉬워서 외출할 때 도움이 되어요. 어깨에 멜 수 있는 형태가 사용하기 편해요.

장난감

장난감은 개의 스트레스 발산에 도움을 줘요. 반려인과 함께 놀 수 있는 공 외에도 혼자서 가지고 놀 수 있는 인형과 끈도 마련해 두어요.

🌸 가족과 의논해요!

전문점에서는 필요한 용품을 세트로 판매하기도 하지만, 사이즈가 맞지 않거나 불필요한 것이 들어 있는 경우도 있어요. 되도록 알맞은 것을 하나씩 골라 주세요.

3 강아지가 안심할 수 있는 환경으로 만들어요

강아지의 시선으로 위험한 것이 없는지 확인해야 해!

데려오기 전에 강아지가 안심하고 지낼 수 있는 집 구조를 만들어 두어요. 이동장은 거실 등 사람이 모이는 곳 모퉁이에 두는 것을 권합니다. 강아지에게 위험한 것은 미리 정리해 주세요.

- 에어컨은 24도 전후로 설정하고 바람이 직접 이동장에 닿지 않도록 합니다.
- 이동장은 수건을 걸쳐서 방 구석에 두고, 직사광선이 닿지 않게 합니다.
- 콘센트와 코드는 덮개를 씌워 둡니다.
- 강아지가 미끄러지지 않도록 바닥에는 카펫을 깔면 좋습니다.
- 부엌과 현관 등 위험한 장소에는 울타리를 세워 둡니다.

호두의 마음
혼자 있는 건 아직 무서워요. 평소에도 모두 같이 있는 곳에서 생활하고 싶어요.

강아지가 우리 집에 오면

처음에는 안정을 취할 수 있게 해 주세요

드디어 강아지와의 생활 시작! 기다리던 강아지와 빨리 놀고 싶겠지만, 강아지는 처음 온 곳이라 매우 긴장하고 있어요. 데려와서 일주일 정도는 천천히 환경 변화에 적응할 수 있게 해 주세요.

기본적으로 이동장이나 우리 안에서 지내지만, 안정된 것 같으면 무리하지 않을 정도로 우리에서 꺼내도 괜찮아요.

데려올 때 확인할 것

☐ 건강 상태는 어떤가요?

☐ 먹이는 무엇을 먹고 있었나요?

☐ 화장실은 무엇을 쓰고 있었나요?

☐ 좋아하는 장난감이 있나요?

☐ 백신을 맞았나요?

☐ 백신 접종 증명서는 받을 수 있나요?

☐ 기생충 검사는 했나요?

호두의 마음: 새로운 집에 가는 건 긴장되지만, 먹이나 화장실이 지금과 같다면 안심할 수 있어요!

여기가 새로운 우리 집인가?

데려온 첫날 보내는 법

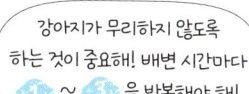
강아지가 무리하지 않도록 하는 것이 중요해! 배변 시간마다 ~ 을 반복해야 해!

쉬를 잘 했네!

1 집에 도착하면 화장실부터 데려가요

배변 훈련은 첫날부터 해요. 집에 도착하자마자 화장실로 데리고 가서 소변을 보게 하고, 잘 봤으면 먹이를 주며 칭찬해 주어요.

2 이동장 밖에서 가볍게 놀아요

강아지가 진정된 것 같으면 이동장에서 꺼내 조금 놀아도 괜찮아요. 식사 시간이 되면 이제까지 먹던 것과 같은 먹이를 주어요.

같이 놀자~

아주 편해졌어!

3 이동장에서 쉬게 해요

노는 시간은 10분 정도로 해요. 이동장에 천을 덮으면 강아지가 안심하고 잘 수 있어요. 이때 공기가 통하게 하는 것을 잊지 마세요!

포인트! 서둘러 동물병원에 가요!

데려온 후에는 되도록 빨리 동물병원에 가서 건강 진단을 받아요. 백신 접종과 기생충 검사를 하지 않은 경우에는 즉시 해야 합니다. 진료가 끝나면 산책과 외출에 관해서도 상담해 보아요.

강아지와 친해지는 3가지 규칙

1 강아지가 좋아하는 일을 해요

> 호두와 친해지려면 어떻게 하는 게 좋을까?

개와 함께 즐거운 시간을 보내요

개와 친해지려면 개가 즐거워하는 것을 하는 것이 가장 빠른 방법이에요. 식사와 산책, 청소 등 매일 돌보는 것은 물론, 공놀이, 따라잡기, 잡아당기기 등 강아지가 좋아하는 놀이를 같이 즐기거나 좋아하는 곳을 만져 주는 것도 좋아요. 잘했을 때 칭찬해 주면, 강아지와의 친밀도가 한층 높아질 거예요.

쓰다듬어 주면 좋아하는 곳

이마
훈련을 잘했을 때는 이마를 어루만지며 칭찬해 주세요.

귀
귀 뒤나 연결 부분은 쓰다듬어 주면 안정이 된다고 해요.

턱 아래
턱 아래부터 목 라인을 어루만지면 개의 긴장을 풀 수 있어요.

등
진정시키고 싶을 때는 등을 어루만져요. 털 모양에 따라 쓰다듬는 것이 좋아요.

✗ 여기는 안 돼요!
꼬리와 엉덩이 주변, 발끝은 민감해서 만지는 것을 싫어한답니다. 입 주위를 만지는 것은 싫어하는 개가 많지만, 양치를 위해서 만지는 연습을 해 두어요.

호두의 마음
> 우리는 칭찬받는 것도 아주 좋아해요. 얌전하게 있을 때는 많이 칭찬해 주세요!

2 싫어하는 것을 끈질기게 하지 않아요

때리거나 무섭게 하는 것은 절대 금지!

아프게 하거나 무서운 사람, 끈질기게 따라다니는 사람에게는 다가가지 않게 되어요. 개가 싫어하는데 억지로 만지는 것도 미움받는 원인이 될 수 있어요!

끈질긴 사람은 싫어!

개가 무섭게 느끼지 않도록 조심스럽게 행동해야 해!

멍멍! 무엇이 궁금하멍?

강아지가 불쾌한 일을 겪었다면 어떻게 해?

불쾌한 일을 겪은 직후에는 바로 가까이 가면 깜짝 놀라. 그럴 때는 천천히 곁에 와서 부드럽게 말을 걸어 주면 좋겠어.

3 매일 같은 태도로 대해요

어떻게 하면 좋을까?

혼란스러워!

개를 대하는 방법을 바꾸지 않아요

돌보다 보살피지 않거나, 같은 일에 칭찬을 하다가 말다가를 반복하면 개는 반려인의 기분을 알 수 없어 당황하게 되어요. 개가 신뢰할 수 있는 반려인이 되려면 매일 같은 태도로 대해 주세요.

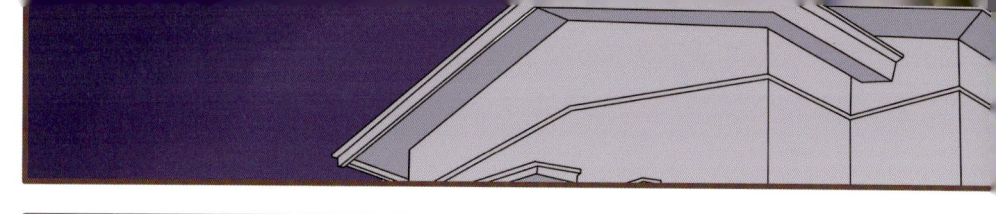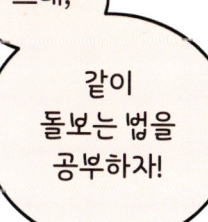

매일 돌보며 친해지기

호두의 마음
규칙적으로 밥을 주고, 매일 함께 산책해 주는 사람이 좋아요.
어쩌다 한 번 노는 건 싫어요. 난 매일 놀고 싶어요!

돌보는 만큼
개와의 유대감도 깊어져요

개와 함께 지내기 위해서는 해야 하는 일들이 정말 많아요. 그중 필수적으로 해야 하는 일은 아래의 3가지예요.

❶ 먹이와 물을 준다.
❷ 아침저녁 2회 산책한다.
❸ 배변 장소를 청소한다.

이러한 일들을 규칙적으로 하면 개는 여러분을 중요한 사람이라고 여기게 되고, 친밀감도 쌓이겠죠? 개가 건강하게 지낼 수 있도록 매일 빠짐없이 돌봐 주세요.

포인트! 돌봄 노트를 만들어요

평소 개의 상태를 기록해 두면 달라진 점이 있을 때 쉽게 알아차릴 수 있어요. 돌봄 노트를 만들어서 몸무게, 대소변의 횟수, 몸 상태 등을 꼼꼼하게 메모해 두어요. 가족들이 다 같이 메모한다면, 개의 변화를 더 확실하게 알게 됩니다.

항상 놀아 줘서 고마워!

호두의 하루 들여다보기

아침
- 반려인과 함께 기상
- 아침밥을 먹는다.
- 아침 산책

반려인의 할 일
식사 준비, 화장실 청소, 산책

점심
- 반려인이 외출한 동안 낮잠을 잔다.

반려인의 할 일
마실 물 준비, 위험한 물건 치우기

강아지는 하루 중 반 이상을 잔대.

저녁
- 저녁 산책
- 집에서 논다
- 저녁밥을 먹는다.
- 잔다.

반려인의 할 일
산책, 놀이와 훈련, 식사 준비 등

성장에 맞게
먹이 선택하기

먹이 종류를 정해요

건강을 위해서는 균형 잡힌 식사가 중요해요. 개의 성장 단계에 필요한 영양소가 포함된 사료를 권합니다. 시중에 파는 사료로는 크게 건식 사료와 습식 사료가 있어요. 보통 수분이 적고 딱딱한 건식 사료를 주식으로 먹어요.

건식 사료
영양 균형이 좋아서 주식으로 추천해요. 씹을 때 치태가 제거되어, 치아 질병 예방에도 좋아요.

습식 사료
냄새가 강하고 부드러워서 개들이 좋아하지만, 다량의 수분이 함유되어 주식으로 먹기엔 열량이 부족해요.

호두의 마음
우리는 먹이를 가리지 않아요.
식사는 반려인이 알맞게
챙겨 주세요~

🍯 가족과 의논해요!
매일 먹는 주식은 '종합 영양식'이라고 적힌 사료가 가장 좋습니다. 그 외 원재료와 첨가물, 유통 기한을 확인하여 적합한 것으로 골라 주세요. 선호도와 알레르기 유무도 확인해 주세요.

연령에 알맞은 먹이를 골라요

개에게 필요한 영양소는 연령에 따라 달라요. 포장지에 적힌 대상 연령을 참고하여 성장에 맞는 먹이로 바꾸어 주세요. 단번에 바꾸면 개가 적응하기 어려울 수 있으니 지금까지 먹던 먹이에 새로운 먹이를 조금씩 섞어서 익숙해지도록 해요.

개의 종류에 따라서도 필요한 영양 균형은 달라. 우리 집 개에게 딱 맞는 먹이를 고르는 것이 중요해!

생후 3주부터 이유식
건식 사료를 따뜻한 물이나 반려동물용 우유에 불려서 줍니다. 데지 않도록 사람 피부 정도의 온도로 식혀서 줍니다.

2개월부터 강아지용 사료
몸이 쑥쑥 자라나는 성장기라서 영양이 듬뿍 담긴 먹이가 필요합니다. 칼로리가 풍부한 강아지용 사료를 주어요. 하루 먹을 양, 급여 시간과 횟수는 가족들과 상의해서 정해요.

10개월부터 성견용 사료
생후 10개월이 지나면 소화 기관이 완성되기 때문에 조금씩 성견용 사료로 바꿔 주어야 합니다. 어릴 때보다 낮은 열량을 먹어야 비만이 되지 않아요.

8살부터 시니어용 사료
개가 8살이 지나면 운동량이 눈에 띄게 줄어들어요. 이전까지와 같은 양을 주면 살이 찌게 되니, 저칼로리의 시니어용 사료를 고르는 것이 좋아요.

매일 같은 먹이를 먹으면 질리지 않아?

우리는 맛에 큰 신경을 쓰지 않아. 매일 같은 먹이라도 전혀 상관없지! 그러니 만약 먹이를 먹지 않는다면, 다른 이유가 있는 거야. 몸 상태가 나쁘거나 간식을 너무 먹어서 배가 부른 걸 수도 있어. 혹시 먹이를 너무 오랫동안 안 먹는다면 동물병원에 데려가 줘!

올바르게 먹이 주기

호두의 마음
우리는 먹을 걸 정말 좋아해요! 많이 주면 기쁘지만 너무 먹어서 뚱뚱해지는 건 싫어요!

하루에 줄 먹이의 양과 횟수를 정해요

어떤 사료를 줄지 정했다면 다음은 하루 식사량을 정해요. 포장지에 적힌 양을 참고해서 알맞은 양을 가족과 상의해 주세요. 한 번에 많은 양을 먹으면 소화시키기 어려운 강아지도 있기 때문에, 하루에 3~5회로 나누어 조금씩 주도록 해요. 다 자라면 2회만 챙겨 주어도 충분해요.

 **포인트!**

깨끗한 물을 준비해 주세요

식사할 때는 깨끗한 물도 같이 준비해 주세요. 마시다 물그릇을 엎을 수 있으므로 우리에 매달 수 있는 여분의 급수용 물통도 준비해 두세요.

꼬르륵~~~

밥은 아직인가?

먹이 줄 때의 포인트

★ 개가 얌전해지면 먹이를 준다

먹이를 보면 흥분하는 개가 많아요. 반드시 먼저 앉게 한 후, 개가 진정되면 먹이를 주세요.

★ 체형에 맞는 먹기 편한 그릇에

얼굴형과 체형에 알맞은 사이즈의 그릇을 골라요. 너무 가볍지 않은 것을 추천해요.

★ 남기지 않고 전부 먹었는지 확인

매일매일 식사량을 기록해 두면 혹시 식사량이 줄더라도 바로 알아차릴 수 있어요.

주의! 개에게 주면 안 되는 음식

> 혹시라도 위험한 음식을 먹었다면 바로 동물병원에 연락해야 해!

파 종류

양파와 대파, 부추에는 개의 혈액 세포를 파괴하는 성분이 들어 있어요.

초콜릿

초콜릿 속 테오브로민 성분이 구토와 설사를 일으켜요. 심하면 생명이 위험할 수 있어요.

향신료

고춧가루와 고추냉이 등은 자극이 강해서 먹으면 배가 아플 수 있어요.

포도

먹으면 구토나 설사를 일으킬 수 있어요. 또 껍질과 씨는 개에게 독과 같으니, 주의해 주세요.

커피, 우유

카페인은 개에게 해로워요. 개는 유당을 분해하지 못하므로 꼭 반려동물용 우유를 주세요.

닭 뼈
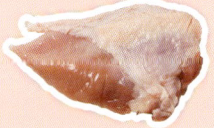

익은 닭의 뼈는 딱딱해서 목과 내장을 찌를 위험이 있어요.

간식을 활용해서 의사소통하기

간식을 능숙하게 이용해서 의욕 향상시키기

 간식을 잘 이용하면 의사소통의 폭이 훨씬 넓어져요. 미용이나 병원 진료 등 하기 싫어하는 일을 열심히 했을 때와 훈련을 잘 해냈을 때 상으로 간식을 주면 개의 의욕을 높일 수 있어요.

 단, 간식은 식사처럼 매일 줄 필요는 없어요. 너무 많이 먹으면 살이 찌니까 주의해 주세요!

야호, 상이다!

호두의 마음
하기 싫은 일을 했을 때 간식을 받으면 다음에도 하려는 의욕이 생겨요!

간식의 규칙

상으로 준다

병원에 다녀온 후나, 하기 싫어하는 일을 했을 때 상으로 주는 것이 기본이에요. 그렇게 하면 개는 '간식을 먹으려면 어떻게 해야 할까?'를 생각해서 행동하게 되어요.

주는 양을 정한다

간식은 먹이에 비해 칼로리도, 염분도 높은 편이에요. 과식하면 살이 찌거나 주식인 먹이를 먹지 않으므로 한 번에 줄 양을 정확하게 정하는 것이 중요해요.

추천 간식

반려동물 전용 치즈
향이 강해서 훈련에 사용하는 것도 추천해요.

육포
닭고기와 소고기로 만들어요. 칼로리가 높으니 많이 먹지 않도록 주의해요.

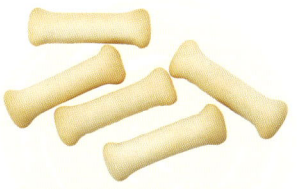

반려견 쿠키
설탕과 염분을 최소화해 만들었어요. 바삭바삭한 식감을 좋아하는 개에게 추천해요.

삶은 닭 가슴살
씹는 맛이 있어서 개가 매우 좋아해요. 조미료를 넣지 않고 뜨거운 물에 삶아서 주세요.

채소
양배추와 브로콜리를 추천해요. 개가 먹을 수 없는 채소도 있으니 확인한 후에 주세요.

> 반려견 간식은 사람이 먹는 것보다 소금과 설탕을 적게 넣어 만들어!

주의! 사람의 간식은 개에게 주지 마세요

사람이 먹는 간식은 염분이 너무 높아요. 개의 건강을 위해서, 반드시 반려견용 간식을 주세요.

포인트! 간식은 적은 양으로 여러 번 주는 것이 만족감이 높아요

개는 같은 양의 간식이라도 한 번에 많이 주는 것보다, 적은 양으로 여러 번 나눠 주는 편을 좋아해요. 칭찬하면서 간식을 주면 개와의 친밀감도 더 높아질 거예요.

개가 안전하게 지낼 환경 만들기

집 안은 개에게 위험한 것들이 가득!

강아지는 호기심이 많아서 집 안을 활발하게 돌아다녀요. 안심하고 지낼 수 있도록 위험한 것들을 치워 주세요.

특히 주의가 필요한 곳은 현관과 부엌이에요. 갑자기 현관문이 열리면, 개가 밖으로 뛰어나갈 가능성이 있어요. 부엌은 불이나 칼 등 개에게 위험한 것이 많아요. 이런 장소에는 개가 들어가지 못하도록 미리 울타리를 세워 두세요. 그 밖에도 위험한 물건이 있는지 곳곳을 항상 살펴봐 주세요.

 **포인트!**

개가 지내기 편한 실내 온도는 24도 전후

집 안 온도는 24도 전후를 유지해요. 너무 더우면 개가 열사병에 걸리고, 온도를 너무 내려도 산책할 때 적응이 힘들어지므로 알맞게 조절해 주세요.

직사광선도 힘들어~

 **호두의 마음**

바닥에 떨어져 있는 건 뭐든 먹어 보고 싶어요! 잘못해서 삼키지 않도록 집 안을 정리해 주세요.

🏠 가족과 의논해요!

강아지를 데려올 때는 이웃들에게 양해를 구하는 것도 중요해요. 공동 주택의 경우는 개 짖는 소리와 발소리가 울려서 피해가 갈 수 있거든요. 이웃에게 강아지를 데려온다는 것을 미리 알리고, 신경 쓰이는 점이 있으면 이야기해 달라고 부탁해 두면 이웃들과의 마찰을 줄일 수 있어요.

빈틈없이 신경 써요!
사고로 이어지는 위험한 것들

문구, 액세서리
작은 문구류나 액세서리를 삼키다 기도가 막히면 숨을 못 쉬게 될지도 몰라요.

난방 기구
난방 기구에 닿으면 화상을 입을 위험이 있어요. 울타리를 둘러 가까이 갈 수 없도록 해요.

살충제, 영양제
벌레 쫓는 약과 식물 영양제는 개에게 치명적인 독이 될 수도 있어 매우 위험해요.

관엽 식물
식물 중에는 개에게 독이 되는 것도 있으니, 개가 닿을 수 없는 곳으로 옮겨 주세요.

> 위험한 것이 정말 많구나! 위험한 장소에 들어갈 수 없도록 해야겠어!

이런 사고에도 주의해요!

문, 창문
문에 끼거나 창문 밖으로 떨어질 수 있어요. 문과 창문을 여닫을 때는 주위를 꼭 살펴 주세요.

계단
계단에서 떨어지면 골절을 입을 수 있어요. 소형견은 다리에 무리가 될 수 있으니 평소에는 이용하지 않는 게 좋아요.

전기 코드
전선을 휘감아서 몸에 끼거나, 물어서 감전될지도 몰라요. 전선에 보호 커버를 씌워 사고를 예방해요.

즐거운 산책 나가기

호두의 마음
우리는 산책을 정말 좋아해요!
자주 데리고 나가 주세요!

아침과 저녁 하루에 두 번이 이상적

백신 접종을 모두 마쳤다면 드디어 산책을 시작해도 좋아요! 산책은 아침, 저녁으로 하루에 두 번 나가요. 단 매우 더운 날과 비가 많이 내리는 날은 무리하지 말고, 대신 집에서 많이 놀 수 있도록 해 주세요.

가족과 의논해요!

강아지일 때에는 면역력을 기르기 위해 백신 접종이 필요해요. 면역력이 없으면 병에 걸릴 위험이 높으므로 백신 접종을 모두 마친 후에 산책을 나갈 수 있어요. 필요한 백신 접종 횟수는 동물병원에 문의하세요.

멍멍! 무엇이 궁금하멍?

산책은 언제 시작하면 될까?

필요한 백신 접종이 끝나면 산책하러 갈 수 있어! 단, 접종 후 어느 정도 지나야 가능한지는 수의사 선생님과 논의해 줘!

산책 코스를 생각해 보아요

개와 함께 산책하러 가기 전에 미리 경로를 정해 놓아요. 가족과 먼저 가서 걷기 힘든 길은 아닌지, 도중에 짖는 개를 기르는 집은 없는지 확인해 두면 안심하고 산책을 나갈 수 있어요.

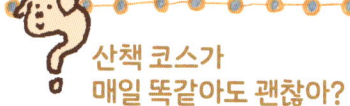

산책 코스가 매일 똑같아도 괜찮아?

매일 같은 곳만 간다면 자극이 조금 부족하긴 해. 가끔은 새로운 길로 가 보고 싶어. 거기서 새로운 친구를 사귈지도 모르잖아!

목줄을 바르게 잡는 법을 배워요

개를 교통사고로부터 지키기 위해 반드시 목줄을 채워야 해요. 목줄은 양손으로 잡고, 개는 항상 사람의 왼편에 있는 것이 안전해요. 오른손과 왼손 사이에 줄을 넉넉하게 늘어뜨려 놓으면 목줄을 잡은 채로 간식을 주거나 시선을 맞추기도 편리해요.

오른손
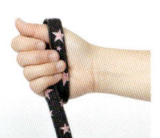
목줄 고리 부분을 엄지손가락에 걸고 손바닥에 한 번 감아요.

이제 손을 단단하게 쥡니다.

왼손

잡는 위치에 매듭을 만들면 개가 갑자기 당겨도 목줄이 쉽게 빠지지 않아요.

이와 같이 오른손에서 왼손까지 'U자' 모양이 되도록 늘어뜨리려면 2m 길이의 목줄이 필요합니다.

⚠ 주의! 목줄은 너무 길어도, 너무 짧아도 안 돼요!

목줄이 너무 길면 개가 가고 싶은 곳으로 움직여서 사고로 이어질 위험이 매우 높아요. 반대로 너무 짧으면 개 목걸이가 계속 잡아당겨져서 고통스러운 느낌을 줄 수 있어요. 목줄을 적당한 길이로 잡아서 안전하게 산책시켜 주세요.

외출에 익숙해지는 것부터 시작해요

강아지에게 바깥 세계는 자극으로 가득해요. 느껴 보지 못한 촉감의 땅을 밟으면 무서운 느낌이 들 수도 있어요. 무리하지 말고 조금씩 익숙해지도록 도와주세요. 처음에는 강아지를 안은 채 외출하는 것만으로도 괜찮아요. 바깥 자극에 놀라 허둥거릴 수 있으니 목줄은 반드시 채운 채 외출해 주세요.

산책할 때 가져갈 것

비닐봉지 휴지 물
밥그릇 간식 장난감

목줄을 채워서 안은 채 밖으로 나가요

우선 집에서 목줄을 채우고 개 목걸이가 느슨하지 않은지 확인해 주세요. 개를 안고 밖으로 나가 잠시 그대로 집 근처를 걸어 보세요. 안을 때는 목걸이에 손가락을 걸어 두면 개가 발버둥 쳐도 떨어뜨릴 위험이 적어요.

집 밖의 여러 가지 것들을 보여 주면서 외부 자극에 익숙해지도록 해요.

호두에게는 모두 처음 보는 것들이라 깜짝 놀라겠어.

 천천히 땅 위에 내려놓아요

주변에 사람과 개가 없는 안전한 장소에 도착하면 천천히 땅 위에 내려놓고 걷게 해 보세요. 개가 무서워하는 것 같으면 다시 안은 채로 산책해요.

포인트! 밖에서 먹이와 간식을 주어요

산책을 하면 좋은 일이 생긴다는 기억을 남겨 주세요. 산책하다 먹이나 간식을 주면 효과적이에요. 먹는다면 아주 무서워하는 것은 아니니 산책을 계속해도 괜찮아요.

3 이곳저곳을 걸어요

개가 밖에서 걷는 것에 익숙해지면 반려인의 왼편에서 걷는 연습을 합니다. 땅과 풀밭 위, 맨홀 위 등 다양한 곳을 걷게 해 보아요. 산책 중간에 눈을 마주치며 이곳저곳을 걷는 연습도 해 보세요.

주의! 주워 먹기 조심!

강아지가 아무거나 주워 먹는 것을 막기 위해서는 떨어진 것을 먼저 발견하고 그곳을 피해 가야 해요. 잡초 중에 개에게 독이 되는 것도 있으므로 아무거나 입에 넣지 못하게 신경 써 주세요.

소변과 대변은 깨끗이 치워요

개의 대소변을 그대로 두는 것은 쓰레기 투기와 마찬가지예요. 개가 배변했을 때는 꼭 깨끗하게 치워 주세요. 이것이 반려견과 함께하는 기본 매너랍니다.

소변은 그대로 두면 냄새의 원인이 되므로 가져간 물을 뿌려서 흘려 보냅니다.

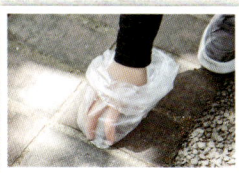

대변은 외출 시 챙긴 휴지와 비닐봉지를 사용해 치워 주세요.

4 집에 돌아오면 손질해 주세요

빗질을 한다

브러시로 온몸을 빗어 작은 이물질을 제거해요. 벌레가 붙어 있는지도 확인해요.

발바닥을 닦는다

더러워진 발바닥을 물티슈 등으로 닦아요. 싫어한다면 간식을 주며 습관을 들여요.

엉덩이를 닦는다

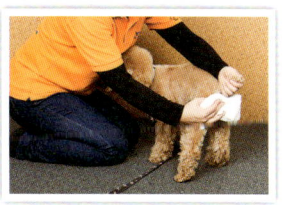

산책 중에 대변을 봤다면, 휴지나 물티슈로 엉덩이도 닦아 주세요.

손질 방법 익히기

호두의 마음
손질을 잊지 말고 해 주세요.
빗질을 하면 기분이 좋아요.

자주 손질하여 개의 건강을 지켜요

개가 건강하고 청결하게 지내기 위해서는 매일 손질해 주는 것이 매우 중요해요. 빗질과 양치질은 매일 하고, 그 밖의 손질은 필요한 때에 하도록 해요. 매일 손질을 하면 몸의 변화와 병에 걸렸는지도 쉽게 알아챌 수 있어요.

 **포인트!**

손질할 때 간식을 주어요

억지로 손질하면 반려인의 손을 피하게 될지도 몰라요. 수고의 선물로 간식을 주면서 개의 의욕을 향상시켜 주세요.

🏠 가족과 의논해요!

개를 손질하는 것은 중요한 보살핌이지만, 어린이 혼자서 하면 다칠 수도 있어요. 반드시 보호자의 시선이 닿는 장소에서 하도록 해 주세요. 발톱 깎기나 목욕시키기는 어린이가 하기 어렵기 때문에 보호자와 함께 하거나 동물병원, 전문 가게 등에 부탁하세요.

손질할 때 확인할 것들

✅ **체크!** 괜찮으면 ✓를 표시한 후, 꾸준히 확인해 주세요!

> 손질할 때에는 온몸을 구석구석 체크해야 해!

체크 ☐ 귀
- 짓무르거나 냄새가 나지 않는다.
- 귀의 털이 많이 자라지 않았다.

체크 ☐ 치아
- 이에 찌꺼기가 쌓여 있지 않다.

체크 ☐ 발톱
- 발톱이 길지 않다.

체크 ☐ 눈
- 눈물이나 눈곱이 끼지 않았다.
- 눈 주위에 상처가 없다.

체크 ☐ 털
- 엉켜서 뭉쳐 있지 않다.
- 살갗에 이상이 없다.

손질에 필요한 용품

슬리커 브러시
온몸을 빗질하는 데 사용해요. 큰 것, 작은 것 두 가지 사이즈가 있으면 편리합니다.

칫솔과 치약
개는 스스로 양치를 못 하니 반려인이 해 줘야 해요. 손가락에 끼우는 칫솔이 편리하며, 치약도 개 전용으로 나온 것을 사용하세요.

빗
털이 뭉쳤는지 체크하거나 빗질 마지막 단계에서 털을 정리하는 데 사용합니다.

물티슈
귀와 눈 주위를 손질하는 데 사용해요. 피부에 직접 닿는 것이니 자극이 적은 반려동물용 물티슈를 추천합니다.

빗질

털 모양을 아름답고 청결하게 유지하기 위해서 빗질은 필수예요. 털이 많이 빠지는 봄과 가을에는 더 꼼꼼하게 빗질을 해요. 더러움을 제거하는 역할도 하므로 산책 후에도 하면 좋아요. 특히 털이 긴 장모종 개는 더 자주 빗질해 주세요.

슬리커 브러시와 빗을 사용하세요!

포인트! 슬리커 브러시, 바르게 잡는 법

손잡이를 손바닥에 올려놓고 엄지손가락으로 받치거나, 엄지와 검지로 집듯이 잡습니다. 너무 세게 잡고 빗기면 개가 아파할 수 있으니 가볍게 잡아 주세요.

털 뭉침 체크

온몸을 쓰다듬어서 털 뭉치가 없는지 확인하고, 큰 털 뭉치가 있으면 빗질 전에 손가락으로 풀어 주어요.

등

빗질은 등부터 시작합니다. 브러시를 들지 않은 손으로 털을 누르고 털끝부터 빠짐없이 빗어 주세요.

꼬리, 발끝

꼬리와 발끝을 빗어요. 꼬리는 민감한 곳이니 부드럽게 빗고, 엉덩이 주위는 털이 뭉치기 쉬우므로 꼼꼼하게 정리해요.

배

개를 뒤로 기울여서 안고 빗어 줍니다. 특히 겨드랑이 아래쪽은 털이 뭉치기 쉬우므로 조심히 빗어 주세요.

뺨 주변, 귀

귀와 뺨 주위의 털을 빗으로 정리해요. 개가 난폭하게 굴면 위험하므로 다른 손으로 단단히 잡은 뒤 빗질을 해요.

빗으로 마무리

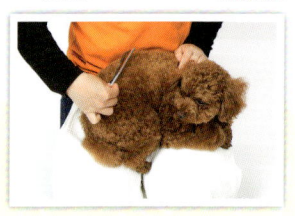

마지막으로 온몸의 털을 빗으로 정리해요. 털 뭉치가 남아있지 않은지 확인하면서 털이 부풀도록 마무리해요.

양치질

양치질도 매일 하면 좋아요. 특히 어금니는 찌꺼기가 쌓이기 쉬우니 꼼꼼하게 닦아 주세요.

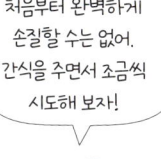

처음부터 완벽하게 손질할 수는 없어. 간식을 주면서 조금씩 시도해 보자!

칫솔에 치약을 조금 묻혀서 닦기 시작합니다. 어금니, 송곳니, 앞니 구석구석 빠짐없이 닦아 주세요.

대략적인 양은 이 정도!

칫솔을 싫어할 때는…
손가락에 끼워서 사용하는 칫솔이나 천으로 닦을 수 있는 제품도 있어요. 거즈를 손가락에 감아 닦여도 괜찮아요.

눈, 코, 귀 손질

눈과 코, 귀 모두 수시로 확인하고 더러우면 손질해 주세요. 그대로 두면 냄새의 원인이 되고, 병이 생길 수도 있어요!

눈 물티슈로 눈곱과 눈물을 부드럽게 닦아요. 세게 문지르면 눈에 상처가 날 수 있으니 살살 닦아 주세요.

귀 물티슈로 부드럽게 닦아 줍니다. 손가락을 안쪽까지 너무 깊이 넣지 않도록 주의해요!

목욕과 발톱 깎기는 가족에게 부탁해요
목욕과 발톱 깎기도 중요한 손질이지만 혼자서 하는 것은 어렵고 위험할 수도 있어요. 가족들과 함께 하거나 동물병원 혹은 반려동물 가게를 이용해요.

집 보기 연습하기

집 지키는 것은 짧은 시간부터 천천히 늘려요

개가 혼자서 집을 보는 것이 조금 서투를 수 있어요. 처음에는 혼자 있는 시간을 짧게 두고 조금씩 늘리도록 해요. 집 보기 중 외롭지 않게 우리 안에 마음에 드는 장난감을 넣어 두는 것도 좋아요.

호두의 마음
우리는 가족과 함께 있어야 안심이 돼요. 집 보기는 조금씩 연습해서 익숙해지도록 노력할게요!

이동장에서 지내는 것을 길들여요

집 보기를 할 때에만 이동장에 넣으면 개는 이동장 들어가기를 집 보기와 같다고 기억하게 되어요. 평소에도 이동장에 들어가는 훈련을 해 두면 안전한 장소로 인식하고 편히 쉴 수 있을 거예요.

│ 집 지키고 있을게! │

주의! 온도와 안전 관리는 잊지 말자!

개는 더위에 약하기 때문에 외출할 때는 에어컨을 24도 전후로 설정해 두고, 겨울에는 방한을 위해 담요와 난방 시트를 깔아 주어요. 실수로 삼킬 우려가 있는 것과 만지면 위험한 것은 반드시 치워 주세요.

집 보기는 칸막이 있는 우리가 가장 좋아요

집을 지킬 때는 배변 공간과 잠잘 공간이 구분되어 있는 우리를 추천해요.

이런 방법도!

잠잘 곳

화장실

구분되어 있는 우리가 없다면, 이동장과 우리를 합쳐 보아요. 우리에는 바닥 전체에 배변 시트를 깔아 화장실과 잠잘 곳을 나누도록 해요.

우리 안에 물그릇을 놓는 것도 잊지 마!

집 보기를 길들이는 숨바꼭질 훈련

반려인이 없는 것에 익숙해지기 위해 숨바꼭질 훈련을 해 두어요. 훈련 방법은 다음과 같아요.

① 개를 이동장에 넣어 문을 닫고 천을 덮는다.
② 반려인은 몇 분간 밖으로 나가 있는다.
③ 방으로 돌아와 얌전하게 있으면 상을 준다.

이 훈련을 반복하다 보면, '얌전하게 집을 보고 있으면 좋은 일이 생긴다.'라고 개가 인식하게 되어요. 익숙해지면 ②의 시간을 조금씩 늘려 주세요.

외출과 귀가는 티 나지 않게

반려인이 외출할 때는 슬그머니 사라지는 게 가장 좋아요. 야단스럽게 헤어지거나 돌아왔을 때 다시 만난 것을 큰 소리로 기뻐하는 것은 개를 흥분시켜서 좋지 않아요. 조용하게 집을 보고 있으면 반려인은 반드시 돌아온다고 개가 배우도록 해요.

빨리 돌아와!

규칙이요?

훈련이라는 건 개에게 규칙을 가르치는 거예요.

맞아요.

호두는 배변이나 산책을 할 때 어떻게 해야 할지 모르고 있어요.

훈련의 기본 배우기

호두의 마음
여러분이 가족들에게 여러 가지를 배우는 것처럼 나도 여러분에게 이것저것 배우고 싶어요!

소중한 개를 지키기 위해서 올바르게 훈련해요

훈련은 개가 스트레스 없이 평화롭게 지내기 위해서 매우 중요한 일이에요. 훈련에는 크게 두 가지 역할이 있어요. 하나는 주위 사람들에게 피해를 주지 않도록 매너를 가르치는 것이에요. 사람이나 다른 개에게 짖거나 달려들지 않도록 하는 것과 정해진 장소에서 배변을 볼 수 있도록 하는 것 등이지요. 다른 하나는 개가 위험해지지 않도록 규칙을 가르치는 거예요. 산책 중에 차도로 뛰어들지 않기, 손질을 받을 때 발버둥 치지 않기 등이에요. 반려견의 안전을 위해 훈련은 반드시 해야만 한답니다.

능숙하게 훈련하기 위한 3가지 포인트

꾸중을 듣는 것보다 칭찬받는 것이 기쁜 건 우리도 호두도 마찬가지야!

1 칭찬을 많이 해 주어요

훈련은 칭찬을 많이 해서 규칙을 가르치는 것이 목적이에요. 다시 말해, 하지 못했을 때 야단치는 것이 아니에요. 잘 했을 때 칭찬을 많이 해 주면, 반려견은 '이렇게 하면 칭찬받는구나!' 하고 배우게 된답니다.

칭찬받는 건 정말 좋아!

주의! 야단치는 것은 역효과예요

훈련에 실패하더라도 절대로 큰 소리로 고함을 치거나 야단치지 마세요. 개는 왜 화를 내는지 모를 뿐만 아니라, 반려인을 무서워하게 될지도 몰라요.

2 반복해서 연습해요

개는 말이 통하지 않기 때문에 계속 연습하는 수밖에 없어요. 사람도 바로 잘하는 사람, 천천히 조금씩 느는 사람이 있는 것처럼 개의 학습 속도에도 차이가 있답니다. 훈련은 조급해하지 말고 몇 번이라도 반복해서 연습하는 것이 중요해요. 능숙하게 할 때마다 칭찬해 주면 언젠가 반드시 배우게 될 거예요.

3 반려인도 규칙을 지켜요

개를 훈련시킬 때는 반려인도 규칙을 지키는 것이 중요해요. 예를 들면 반려인이 말한 대로 했는데도 칭찬하지 않거나, 훈련할 때 반려인의 지시가 세각각이면 개노 혼란스러워할 거예요. 또한 가르치는 방법이 가족들마다 다르지 않도록 미리 훈련 방법을 상의해 둡니다.

천천히 배우고 싶어!

우리도 엄마가 매번 다르게 말하면 어떻게 해야 할지 모르잖아.

반려인의 손을 좋아하게 만들기

호두의 마음
나는 간식을 주는 반려인의 손이 정말 좋아요!

손에서 좋은 일이 생긴다는 것을 가르쳐요

훈련을 시작하기 전에 개가 반려인의 손을 좋아하도록 연습해요. 반려인의 손을 무서워하게 되면 훈련이 어려워지기 때문이에요. 또한 의사소통이 어려워지거나 건강 확인도 제대로 할 수 없어요. 손을 좋아하게 만드는 가장 좋은 방법은 손으로 먹이와 간식을 주거나 많이 놀아 주는 거예요.

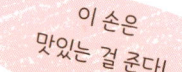

이 손은 맛있는 걸 준다!

 주의! 때리는 것은 절대 금지

때리거나 꽉 잡으면 반려인의 손을 싫어하게 되므로 절대 하지 마세요. 자신을 지키기 위해 손을 물어 버릴 가능성도 있어요.

손에 길들이는 연습

드디어 연습 시작! 호두가 내 손을 좋아하도록 열심히 노력해야지!

맛있는 냄새가 나!

덥석

 손바닥에 먹이를 놓고 개를 집중시켜요

먹이를 손바닥에 조금 놓고 주먹을 쥐어요. 손의 냄새를 맡게 해서 개를 집중시켜요.

 손을 펼쳐서 먹이를 먹여요

손을 펴서 먹이를 먹여요. 무서워하며 먹지 않으면 더 맛있는 간식으로 바꿔 보아요. 잘 먹으면 잘했다고 말해 주세요.

늘 먹는 사료보다 간식을 좋아하는 개가 많아. 그중에서도 가장 좋아하는 것은 반려동물용 치즈와 삶은 닭 가슴살!

냠냠~

착하다!

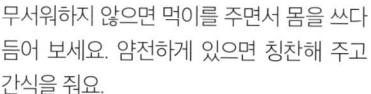 **먹이를 주면서 몸을 쓰다듬어요**

무서워하지 않으면 먹이를 주면서 몸을 쓰다듬어 보세요. 얌전하게 있으면 칭찬해 주고 간식을 줘요.

 안아 주거나 장난감으로 놀아 주어요

①~③을 문제없이 할 수 있으면 안아서 무릎에 놓거나 장난감을 이용해서 놀아 보아요. 반려인의 손을 더 좋아하게 될 거예요!

배변 장소 가르치기

배변 장소를 정해 주세요

정해진 장소에서 배변하는 훈련은 반드시 데려온 첫날부터 시작해요. 배변 훈련이 잘 되면 반려인은 청소하는 데 드는 수고가 줄고, 개도 장소에 익숙해져 안심하고 배변을 할 수 있어요. 배변 훈련의 비법은 배변 장소를 알기 쉽게 정하는 것과, 반려인이 정확한 배설 타이밍을 알아 두는 거예요. 개가 배변 장소를 외우지 못해 실패하는 것은 제대로 알려 주지 못한 반려인의 책임이에요. 화내거나 당황하지 말고 뒤처리 후에 다시 알려 주세요.

호두의 마음
배변을 다른 장소에 했을 때 화를 내면 배변 자체가 잘못된 것이라고 착각할지도 몰라요. 끈기 있게 가르쳐 주면 좋겠어요!

배변 세트 만들기

이동장(자는 곳)
개의 침대 역할을 해요. 배변 장소를 외울 때까지는 기본적으로 이동장에서 생활하게 해 주세요.

우리
개의 화장실 역할을 해요. 제대로 배설할 때까지 밖으로 나올 수 없도록 문이 달린 것을 준비해 주세요.

배변 패드
소변을 흡수하는 패드예요. 우리 바닥에 깔아 주세요.

배변 훈련

배변은 하루 만에 기억하는 개도 있지만 시간이 꽤 걸리는 개도 있다고 해. 조급해하지 말고 기다려 줘.

배설 타이밍

강아지는 개월 수 + 1시간 정도 소변을 참을 수 있어요. 예를 들어, 생후 2개월인 경우는 3시간 정도예요. 이것으로 어림잡아 화장실에 데리고 가요.

뭐야?

1 목줄을 매고 이동장에서 꺼내요

배설 타이밍이 되면 개를 이동장에서 꺼내 목줄을 매요. 타이밍은 이전 배변 시간을 기록해 두면 계산하기 쉬워요.

2 우리 안으로 데리고 가요

목줄을 사용해서 개를 우리 안으로 데리고 가요. 우리에 들어가면 문을 닫아요.

그렇지!

주르르~

3 소변 보는 것을 지켜보아요

배설할 때까지 지켜보아요. 소변을 보기 시작하면 '쉬' 하고 말을 걸어요. 반려인의 '쉬' 소리를 배설 시간으로 기억하게 됩니다.

잘했어, 멋지다!

칭찬받았다!

4 칭찬하고 간식을 주어요

소변을 누고 나면 칭찬하고 간식을 주세요. 배변 장소에서 소변을 누면 기쁜 일이 생긴다고 기억하게 될 거예요. 그 후 이동장에 돌려보내거나 가볍게 놀아도 괜찮아요.

소변을 보지 않을 때는 배설 타이밍이 아닐지도 몰라요. 이동장에 돌아가서 상태를 지켜보고 다시 도전해요.

기본 훈련에 도전하기

6가지 기본 훈련을 배워요

개와의 생활에서 반드시 훈련해야 할 것은 아래와 같아요.

- ① 시선 맞추기
- ② 앉아
- ③ 엎드려
- ④ 기다려
- ⑤ 이리 와
- ⑥ 집

이 6가지를 습득하면 곤란한 행동을 예방하는 데 도움이 될 뿐 아니라, 사고와 여러 가지 안전 문제로부터 개를 보호할 수 있어요. 본격적인 훈련을 시작하기 전에 오른쪽 페이지의 '자석 훈련'부터 연습해 보아요.

포인트!

3단계 칭찬법을 사용해요

개를 칭찬할 때는 '착하다!'라고 칭찬의 말을 한 다음, 먹이나 간식으로 상을 주세요. 마지막으로 가볍게 쓰다듬어요. 개가 '기쁘다!'라고 생각하면 훈련은 훨씬 성공하기 쉬워져요.

정말 기뻐!

칭찬받으면 기분 좋아!

호두의 마음

잘 해냈을 때 칭찬받으면 '다음에도 열심히 해야지!'라는 생각이 들어요!

가장 먼저 자석 훈련

선물 쥔 손을 따라서 자석처럼 개가 움직이도록 연습하는 거야. 모든 훈련의 기본이 되는 거래!

포인트! 선물은 보이지 않도록 주먹을 쥐어요!

 선물은 작게 해서

 보이지 않도록 쥐어요!

선물의 양은 사료라면 1알, 간식이라면 손톱의 4분의 1 정도의 크기로 줍니다. 선물을 보이면 간식이 없을 때 말하는 것을 듣지 않을 가능성이 있으므로 보이지 않도록 주먹을 꽉 쥐어요.

 코끝에 선물을 가까이 해요

개가 보지 못하도록 주먹을 꽉 쥐어 코끝에 가까이 대고 주의를 끌어요.

 좌우로 움직여 보아요

그대로 손을 좌우로 움직여 보아요. 반려인 손의 움직임에 맞추어 따라오면 칭찬하고 선물을 주어요.

 앞뒤로 움직이거나 걸어요

앞뒤로 움직이거나 뒤로 몇 걸음 걷는 등 개를 크게 움직이도록 해요. 여기까지 할 수 있다면 기본 훈련을 해도 문제없어요.

시선 맞추기

이름을 불렀을 때 반려인과 눈을 맞추는 훈련이야!

사인은 이렇게!

손을 턱 아래에 가지고 와서 이름을 불러.

킁킁!

호두!

1. 코끝에 선물을 가까이 대요

선물 쥔 손을 개의 코끝에 가까이 대고, 냄새를 맡게 해서 집중시켜요.

2. 손을 자신의 턱 아래로 이동하고 이름을 불러요

개의 시선을 위로 당기는 느낌으로 손을 천천히 턱 아래로 이동시켜요. 눈이 마주치면 개의 이름을 불러요.

잘했어!

칭찬받았다!

3. 말을 걸어서 많이 칭찬해 주어요

3단계 칭찬법을 사용해 칭찬해 주세요. 이것을 반복하면 '이름을 부른다 → 눈을 마주친다 → 칭찬받는다' 라고 기억해요.

앉아

엉덩이가 땅에 닿는 자세로, 흥분한 개를 진정시킬 수 있다고 해!

사인은 이렇게!

손바닥을 위로 들어 올려.

킁킁!

1. 코끝에 선물을 가까이 대요

선물 쥔 손을 개의 코끝에 가까이 대요. 냄새를 맡게 해서 집중시켜요.

앉아!

2. 손을 머리 위로 움직여요

손목을 돌리면서 손을 개의 머리 위로 이동시켜요. 코끝이 위로, 엉덩이가 자연스럽게 아래로 갈 거예요. 엉덩이가 바닥에 닿으면 '앉아!'라고 말을 걸며 칭찬해요.

앉아!

3. 손바닥을 위로 들어 올리고 '앉아!'

2가 능숙해지면 사인을 가르쳐요. 손바닥을 위로 향하여 코끝에 가까이 대고 그대로 위로 들어 올려요. 엉덩이가 바닥에 닿으면 '앉아!'라고 말하며 칭찬해 주세요.

엎드려

엎드려 자세는 앞발부터 배까지 털썩 바닥에 붙는 자세야. 앉은 자세보다 편안한 자세라, 조금 긴 시간 기다리게 할 때 사용해!

사인은 이렇게! 손바닥을 아래로 향해!

쿵쿵!

1 앉은 자세로 코끝에 선물을 가까이 대요

처음에 '앉아!'를 시켜요. 선물 쥔 손을 개의 코끝에 대고 냄새를 맡게 해서 집중시켜요.

엎드려!

2 손을 L자로 움직여요

개가 집중하면 손을 천천히 개 앞발 사이에 내려놔요. 개의 머리가 숙여지면, L을 그리는 느낌으로 손을 개에게서 조금 떼어 놓아요. 배가 바닥에 닿으면 '엎드려!'라고 말하고 칭찬해요.

엎드려!

3 손바닥을 아래로 향하며 '엎드려!'

2가 능숙해지면 사인을 가르칩니다. 손바닥을 아래로 향하며 '엎드려!'라고 말하고, 바른 자세를 취하면 칭찬해요.

기다려

앉은 자세 그대로 그 자리에서 기다리는 훈련이야. 처음에는 몇 초에서 시작해서 조금씩 시간을 늘려 보자!

사인은 이렇게! 손바닥이 개를 향하도록.

 앉은 자세로 시작

먼저 '앉아!'를 시켜요. 처음에는 가까운 거리부터 연습해요.

앉아! / 기다려!

 손바닥을 보이며 '기다려'!

시선을 맞춘 후, 개를 향해서 손바닥을 보이며 '기다려!'라고 말해요.

참 잘 했어! / 킁킁!

 잘 기다렸다면 칭찬해요

앉은 자세로 몇 초간이라도 기다렸다면 칭찬해 주어요. 잘 기다린다면 조금씩 시간과 거리를 늘려요.

 **포인트! '엎드려 + 기다려'도 가르쳐요**

조금 긴 시간 기다리게 하고 싶을 때는 편한 자세를 유지할 수 있는 엎드려 자세가 좋아요. 앉아서 기다리는 것과 같은 방법으로 가르쳐 보아요.

이리 와

떨어진 장소에 있는 개를 반려인이 있는 곳으로 불러오는 훈련이야. 처음에는 목줄을 매고 연습해 보자!

사인은 이렇게! 간식 쥔 손을 다리로 가까이 대.

 앉은 자세로 시선을 맞춰요

처음에는 '앉아'를 시켜요. 오른손에 선물을 쥐고 시선을 맞춰요.

선물에 집중시키고 천천히 뒤로 물러서요

시선을 맞춘 손을 개의 코끝에 가까이 대고 집중하면 뒤로 몇 걸음 물러서요.

이리 와!

 **'이리 와!'**

개가 옆으로 오면 '이리 와!'라고 말하면서 칭찬해요.

착하지!

 목걸이를 쥐어요

칭찬할 때에 개가 도망치지 못하도록 목걸이에 손가락을 걸어 두세요.

집

이동장 안에서 얌전하게 지내도록 하는 연습이야. 이것을 배우면 집 보기를 잘 해낼 수 있어!

사인은 이렇게! 이동장을 손가락으로 가리켜.

 이동장에 선물을 던져 넣어요

개의 코끝에 선물을 가까이 대고 집중하면 이동장 안쪽에 선물을 던져 넣어요.

 안으로 들어가면 선물을 주어요

개가 안에 들어가자마자 '집!'이라고 말하고 두 번째 선물을 주어요.

 문을 닫고 선물을 주어요

이동장 문을 닫고 상태를 조금 지켜보아요. 몇 초라도 얌전하게 있으면 선물을 주고, 시간을 조금씩 늘려 가요.

 '집'을 가리키는 것만으로 들어가게 해요

①~③을 몇 번 반복해요. 조금씩 선물의 양을 줄여 가며 집을 가리키는 것만으로 이동장에 들어가도록 연습해요.

산책에 도움이 되는 훈련

호두의 마음
산책은 정말 좋아! 여기저기 다 가고 싶어요.
그런데 반려인이랑 떨어지면 위험하겠죠?

산책 중 안전을 지키는 캐치 아이 워크

산책은 매우 즐겁지만 바깥 세계는 위험으로 가득해요. 갑자기 도로로 뛰어들면 교통사고의 위험이 있고, 떨어진 쓰레기와 담배꽁초를 먹으면 생명이 위험할 수 있어요. 또 다른 개와 사람에게 달려들어 상처를 입히거나 싸움을 일으킬 가능성도 있지요. 이러한 위험으로부터 개를 지키기 위해 반려인과 시선을 맞추면서 걷는 '캐치 아이 워크'를 가르쳐요. 이것을 배우면 자연스럽게 반려인의 옆에서 걸을 수 있고, 떨어진 음식을 먹는 일도 방지할 수 있어요.

포인트! 처음에는 집 안에서 연습해요

집 밖은 여러 가지 자극이 있기 때문에 갑자기 훈련을 하면 잘 되지 않을 거예요. 집 안에서 연습을 시작해서, 익숙해지면 바깥에서 연습해요.

캐치 아이 워크

반려인의 눈을 보면서 걷는 훈련이야. 이것을 배우면 다른 개나 사람이 스쳐 지나갈 때에 이름을 불러서 집중시킬 수 있어!

 개를 왼쪽 다리 옆에 붙어 걷게 하고 시선을 맞춰요

양손으로 목줄을 잡고, 왼쪽 다리 옆으로 따라 오게 해요. 개에게 '앉아!'를 시킨 다음 이름을 불러 시선을 맞춰요.

 선물을 코끝 가까이 대고 걷기 시작해요

선물을 가진 오른손을 개의 코끝 가까이 대고 천천히 걷기 시작해요. 잘 걸으면 선물을 조금 주어요.

 오른손을 왼쪽 어깨에 놓고 이름을 불러요

선물을 쥔 손을 왼쪽 어깨에 올려놓고 이름을 부르며 시선을 맞춰요.

 걸으면서 선물을 주어요

③을 반복하며 걸으면서 선물을 줘요. 멈춰서 주면, 선물을 빨리 받고 싶어서 도중에 산책을 그만 두게 되므로 주의하세요!

곤란한 행동을 한다면

개의 '도와줘!' 신호를 알아차려요

개가 벨 소리를 듣고 짖거나, 물건을 물고 늘어지거나, 물어뜯는 것을 보면 공격성이 강한 것 같아 불안해집니다. 하지만 개는 절대로 반려인을 난처하게 하려는 것이 아니에요. 단지 무슨 일이 있을 때 어떤 행동을 취해야 할지 몰라서 혼란스러운 거예요.

다시 말하면 개의 곤란한 행동은 도와달라는 신호예요. 어떻게 하면 좋은지 끈기 있게 가르치면 반드시 올바른 행동을 하게 됩니다.

포인트! 하지 말았으면 하는 행동은 시작도 못하게!

평화롭다!

개가 하지 말았으면 하는 행동은 처음부터 못하게 하는 것이 중요해요. 물건을 물어뜯지 않도록 정리하고, 물지 않도록 손으로 놀지 않는 등의 노력을 해야 해요. 개는 경험하면서 여러 가지 일을 학습하기 때문에 아예 시작도 못하게 하는 것이 중요하답니다.

호두의 마음

반려인을 곤란하게 하려는 게 아니에요. 어떻게 해야 좋을지 하나씩 가르쳐 주면 좋겠어요!

난 나쁜 개가 아니야!

곤란해 ①

짖을 때

왜 계속 짖어 대는 걸까? 호두야, 무슨 말이 하고 싶은 거야?

호두의 마음
짖는 것은 두 가지 이유인데, 밥이 먹고 싶을 때처럼 부탁하고 싶은 경우와 갑작스런 일에 어떻게 반응해야 좋을지 몰라 겁이 날 경우예요. 어떤 경우인지 우선 잘 지켜봐요!

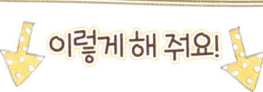

이렇게 해 줘요!

'부탁해' 멍멍!

★ 모르는 척해서 해결!

개가 짖어도 절대로 반응하지 말고 모르는 척하는 것이 중요해요. 이렇게 하면 짖어도 좋은 일은 일어나지 않는다는 것을 배워요.

'무서워' 멍멍!

★ 원인을 없애서 해결!

개가 무서워하는 것을 반려인이 먼저 알아차리고 피해 가는 것이 중요해요. 개가 겁나는 것이 거의 없는 상태로 훈련을 시작해야 무서워 짖는 횟수가 줄어들어요.

멍멍! 무엇이 궁금하멍?

❓ 벨이 울리면 왜 짖는 거야?

벨이 울리면 모르는 사람이 집에 들어오기 때문이야. 안심할 수 있도록 벨이 울려도 이동장에 들어가 있으면 괜찮다고 가르쳐 주면 더 이상 짖는 일은 없을 거야.

곤란해 ②

손을 물 때

호두와 놀다 보면 손을 물기도 해. 아프지 않으니까 내버려둬도 괜찮겠지?

호두의 마음

무는 것도 두 가지 이유가 있어요. 하나는 놀면서 장난치다 무는 경우, 두 번째는 싫은 일이나 무서운 일에서 벗어나려고 하는 경우예요. 몇 번이나 물게 두면 물어도 괜찮다고 기억해서 더 물게 되니까 빨리 그만두게 해야 해요.

이렇게 해 주요!

장난치다 물 때

★ 손으로 놀지 않으면 해결!

개는 본래 서로 물면서 노는 습성이 있어요. 그래서 놀다가 무는 것은 어쩔 수 없어요. 그렇지만 반복하여 무는 버릇이 생기지 않도록 손은 물어서는 안 된다는 것을 가르쳐야 해요. 되도록 개와는 손으로 놀지 않고 장난감을 사용해서 노는 것으로 해결할 수 있어요.

덥석덥석

무서워서 물 때

★ 손에 길들이는 연습으로 해결!

무섭지 않아!

쓰다듬으려고 손을 뻗었을 때에 진짜로 물려고 하거나, 으르렁거리는 것은 개가 손에 좋은 느낌을 받지 못했기 때문이에요. 손이 익숙해지도록 연습해서, 반려인의 손에 좋은 인상을 갖게 만들어요.

멍멍! 무엇이 궁금하멍?

밥 먹을 때 손을 뻗으면 왜 으르렁거리는 거야?

반려인에게 먹이를 뺏긴다고 생각해서야. '반려인의 손은 먹이를 주는 좋은 손'이라고 알려 주면 돼. 밥은 한 번에 다 주지 말고 조금씩 주기를 반복하면, 반려인의 손을 보고 더 이상 으르렁거리지 않을 거야.

물건을 물 때

슬리퍼, 휴지… 호두는 뭐든지 물어뜯어! 어떻게 해야 물어뜯지 않을까?

호두의 마음

물건을 물어뜯는 것은 개의 본능이에요! 눈앞에 있으면 당연히 물게 돼요. 특히 무는 느낌이 좋은 슬리퍼나 신발은 마음에 들어요!

 이렇게 해 줘요!

★ 방을 깨끗하게 정리하면 해결!

개가 물어뜯지 않도록 예방하는 것이 중요해요. 물어뜯으면 안 되는 것은 눈에 띄지 않도록 정리해 두어요. 무언가를 물어뜯었을 때에 놀라서 소리치거나 크게 반응하면 안 돼요. 놀아 준다고 착각해서 일부러 물건을 물어뜯을 수도 있거든요.

🏠 가족과 의논해요!

우리 개의 훈련이 잘되지 않거나 어떻게 해야 할지 모르겠다면 반려견 훈련사에게 상담하는 방법도 있어요. 수많은 개를 훈련해 본 전문가라 개를 능숙하게 다룰 수 있거든요.

하지만 훈련사마다 훈련 방법과 개를 다루는 태도가 제각각이에요. 소중한 개를 맡기는 것이니 가족의 생각과 맞는 신뢰할 수 있는 사람에게 부탁하도록 해요.

부럽다.

나도 호두랑 외출하고 싶어.

다녀왔습니다!

호두!

빵!

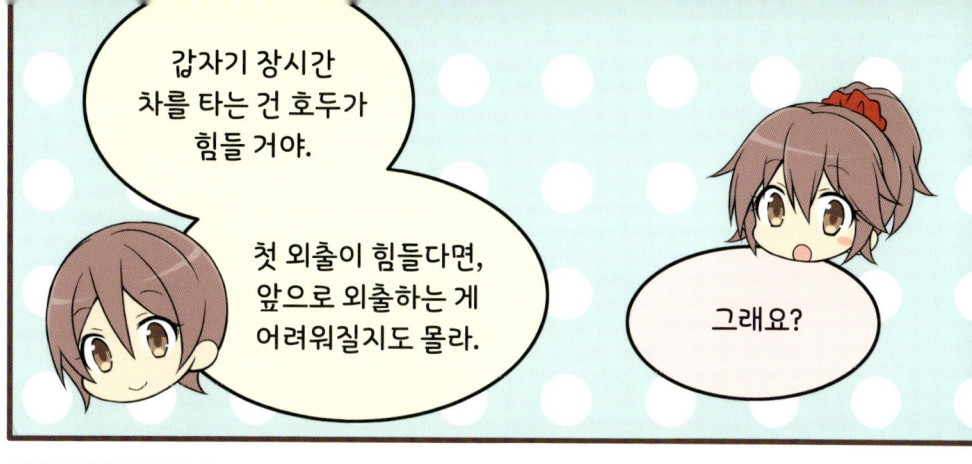

바르게 안는 방법 배우기

 **호두의 마음**
우리는 몸이 작아서 안아 올리면 불안할 때가 많아요.
안심할 수 있도록 잘 안아 주세요!

훈련과 마찬가지로 안는 것도 연습해요

개를 안을 필요가 있는 장소에 갈 일이 많아요. 동물병원에 가거나, 계단을 오르내릴 때 등이지요. 그런데 안기는 것에 서투른 개가 많아요. 개는 고양이와 달리 높은 곳에 오르는 동물이 아니라서, 자신보다 몇 배나 큰 사람에게 안기는 것이 무서울 수 있어요.

반려인의 손을 좋아하도록 연습한 것처럼 처음에는 상을 주면서 안는 연습을 해 봐요. 익숙해지면 먼저 안아 달라고 조를 수도 있어요. 반려인이 안는 것을 무서워하거나 망설이면 개의 불안은 커질 거예요. 부드럽게 말을 걸면서 침착하게 안아 주세요.

안겨 먹으니 좋아!

주의! 서서 안는 것은 안 돼요

반려인이 서 있을 때 개가 크게 움직여 땅으로 떨어지면 크게 다칠 수 있어요. 처음에는 앉아서 안아 주세요. 서서 안아 올리고 싶을 때는 가족들에게 부탁해요.

바르게 안는 자세를 배워요

호두를 안심시키기 위해서 바르게 안는 방법을 배워야 해!

안는 것에 도전하기 전에 꼭 손을 씻어요

안을 때는 무릎 위에 올려놓아요. 처음에는 선물을 주면서 시도해 보세요. 개를 만지기 전후에는 반드시 비누로 손을 깨끗이 씻어요.

1 무릎 위에 올려놓아요

개를 무릎에 올리고 한쪽 손으로 배를, 다른 한 손으로는 목 주위를 누릅니다. 안고 있을 때 얌전하게 있으면 칭찬하고 선물을 주어요.

편하다!

2 목걸이에 손가락을 넣어 두어요

개가 돌아 움직일 때 무릎에서 떨어지지 않도록, 목걸이에 손가락을 넣어 주세요.

이러면 호두가 갑자기 움직여도 괜찮겠어!

🐾 가족과 의논해요!

'인수 공통 전염병'은 동물과 사람 사이에서 감염되는 병이에요. 직질한 백신을 맞고 배설물을 깨끗하게 처리하면 대부분의 경우는 예방할 수 있으므로 너무 걱정할 필요는 없어요. 그래도 개와 접촉한 전후에 손을 씻는 등 위생 관리에 신경 써 주세요.

다양한 재주 가르치기

놀이하듯 도전해 보아요

개와 친해지려면 개가 즐거워하는 것을 하는 것이 가장 빠른 방법이에요. 식사와 산책, 청소 등 매일 돌보는 것은 물론, 공놀이, 따라잡기, 잡아당기기 등 강아지가 좋아하는 놀이를 같이 즐기거나 좋아하는 곳을 만져 주는 것도 좋아요. 잘했을 때 칭찬해 주면, 강아지와의 친밀도가 한층 높아질 거예요.

즐기면서 가르쳐 보아요

재주는 어디까지나 놀이의 하나예요. 어려운 것도 있어서 모든 개가 배울 수 있는 것은 아니에요. '해내면 운이 좋은 거야!' 정도의 느긋한 기분으로 서로 즐기면서 도전하는 것이 중요해요.

 호두의 마음

잘해서 칭찬받으면 기뻐요! 반려인과 사이좋게 연습해 보고 싶어요!

뭐든 할 수 있어!

손 & 교대

앞다리 한쪽을 반려인의 손 위에 올려놓는 재주야. 발톱 깎을 때도 도움이 될 것 같아!

손!

반대편 손은 교대

1. '앉아' 후, 앞다리가 이어진 부분을 만져요

'앉아'를 한 후, 선물을 주면서 개의 앞다리가 이어진 부분을 가볍게 만져 보아요. 그러면 앞다리가 조금씩 올라갈 거예요.

2. 앞다리를 손바닥에 올렸으면 '손'

개의 앞다리가 들려 올라가면 반려인의 손바닥에 놓고 '손'이라고 말해요. 잘했다고 많이 칭찬해 주어요.

반대편 손은 교대

반대편 앞다리를 올려놓는 것을 '교대'라고 해요. 좌우 어느 쪽을 할지는 반려인의 마음대로 해도 되지만 개가 혼란스러워 하지 않도록 주의해요.

 ## 하이 파이브

사람들끼리 하는 하이 파이브처럼 앞다리를 높이 들어 반려인의 손에 대는 거야!

하이 파이브!

1. 손바닥을 개에게 향하면서 '손'을 시켜 보아요

앉은 자세에서 '손'과 같은 방법으로 앞다리를 들게 해요. 이때, 손바닥은 개 쪽을 향하게 해요.

2. 손의 위치를 조금씩 들어 올려요

①의 연습을 반복하면서 손의 위치를 조금씩 높여 가요. 잘하면 '하이 파이브'라고 말하며 칭찬해요.

뽀뽀

신호와 함께 볼에 뽀뽀하는 재주야! 호두가 뽀뽀해 주면 정말 행복할 거야!

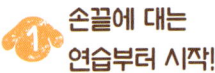
① 손끝에 대는 연습부터 시작!

처음에는 가까운 거리에서 시작해서 손가락 끝에 코를 대면 '뽀뽀' 하고 말한 후, 칭찬하고 선물도 주어요.

② 터치하는 위치를 조금씩 볼에 가까이

① 이 완벽하게 되면 손가락의 위치를 조금씩 볼 쪽으로 이동해요. 능숙하게 터치할 때마다 칭찬을 잊지 마세요.

③ 볼을 손가락으로 가리키고 터치해요

마지막으로 볼을 가리키고 코가 닿도록 해요. 능숙하게 되면 '뽀뽀'라고 말하며 크게 칭찬해 주어요!

 **가져와**

가리키는 물건을 반려인에게 가져오는 재주야. 꽤 어려우니 끈기 있게 연습해야 해!

① 가져오는 물건에 흥미를 갖게 해요

개가 물고 올 물건을 흔들거나 끌어당겨서 흥미를 갖게 만들어요.

② 물건과 간식을 교환하는 연습을 해요

물건을 물어 오면 간식을 주며 교환해요. 반려인에게 잘 전달하면 '가져와!'라고 말한 다음 칭찬해 줘요.

③ 바닥에 물건을 두고 '가져와'를 해요

바닥에 물건을 두고 '가져와!'라고 해요. 물고 가까이 오면 선물과 교환한 후 칭찬해요.

 **빵**

> 반려인의 '빵!' 소리를 듣고 벌러덩 눕는 재주야. 조금 어렵지만 잘 해내면 엄청 멋져!

 **'엎드려'를 시켜요**

먼저 '엎드려!'를 시켜요. 반려인은 개 앞에 앉아요.

 선물을 몸 쪽으로 움직여요

선물을 쥐고 개의 코끝에 가까이 대면서 집중시켜요. 그대로 손을 개의 몸을 향해서 움직여요.

 **선물을 뒤통수 쪽으로 움직여요**

반원 그리는 것을 떠올리며 선물 쥔 손을 개의 뒤통수 쪽으로 움직여요. 몸의 측면이 바닥에 닿으면서 벌러덩 누운 자세가 되었어요.

 손을 총 모양으로 해서 '빵!' 하고 외쳐요

개가 벌러덩 누우면 손을 총 모양을 한 후, '빵!' 하고 말하며 칭찬해 줘요. 반복해서 가르쳐 '빵!' 소리만으로 벌러덩 눕도록 연습해요.

개와 함께 놀기

호두의 마음

어릴 적에 형제들과 엄청 많이 놀았어요.
아직도 노는 게 정말 좋아요! 반려인과도 많이 놀고 싶어요!

반려인이 먼저 놀자고 해 보아요

개마다 다르겠지만, 대다수의 개는 노는 것을 매우 좋아해요. 특히 반려인과의 놀이는 관계를 더 친밀하게 만들고, 스트레스 해소에도 좋답니다. 매일 조금씩이라도 함께 노는 시간을 만들어 보세요.

개와 놀 때는 반려인이 먼저 놀자고 하는 것이 기본이에요. 개가 노는 타이밍을 정하면 자신이 원하는 것을 들어줄 거라고 생각해 버릇이 없어져요. 또 손으로 놀면 무는 버릇이 생길 수 있으니, 꼭 장난감으로 놀아 주세요.

포인트! 가장 즐거울 때 끝내요

놀이를 끝내는 것도 반려인이 할 일이에요. 개가 싫증날 때까지 계속 놀면 다음 놀이를 기대하지 않을 가능성이 있어요. 우리가 놀이공원에 갔을 때도 더 놀고 싶다고 느낄 때 돌아오면 다음에 또 가고 싶어지는 것과 마찬가지예요. 놀이는 길더라도 5~10분 정도로 끝내요.

놀고 싶어!

장난감 끌어당기기

장난감은 개의 몸 크기에 맞추고, 삼키지 못할 사이즈로 선택하는 것이 중요해.

 놀기 전에 반드시 '앉아'를 시켜요

놀이를 시작하기 전에 반드시 '앉아!'를 시켜요. 놀이를 하려면 진정한 상태여야 한다는 규칙을 정하는 것이 중요해요.

 장난감을 움직여서 놀이를 시작해요

개가 얌전해지면 장난감을 바닥에 가까이 대고 휘휘 휘두르며 놀이를 시작해요.

 장난감을 흔들어 서로 끌어당겨요

장난감을 좌우로 크게 흔들거나 자신 쪽으로 끌어당기기도 하며 놀아요. 가끔 힘을 느슨하게 해서 개와의 승부를 즐겨 보세요.

 흥분하기 전에 진정시켜요

개가 으르렁거리면서 목을 좌우로 흔들어 대면 흥분했다는 신호예요. 놀이를 멈추고 장난감을 입에서 빼내어 진정시켜요.

점프!

반려인의 다리 위를 깡충깡충 점프하는 놀이야. 운동을 좋아하는 강아지라면 즐겁게 도전할 거야.

1 선물을 이용해서 연습해요

먼저 점프 연습을 해요. 반려인은 한쪽 다리를 뻗고 앉아요. 개를 선물로 유인해서 다리 위를 지나가도록 만들어요.

2 '점프'를 시켜 보아요

1을 반복하여 연습하면서 유인하는 간식의 움직임을 빨리하면 개는 깡충 뛰어넘어요. 능숙하게 점프하면 많이 칭찬해 주어요.

포인트! 고난이도 기술에 도전해 보아요!

점프를 잘하게 되면 이번에는 반려인의 다리 아래를 빠져나가는 '터널'에 도전해 보아요. 점프와 마찬가지로 먼저 간식으로 유인하며 움직임을 가르쳐요. 두 가지를 모두 할 수 있으면 '점프'와 '터널'을 연달아 할 수도 있어요.

어느 쪽에 있을까?

한쪽 손에 간식을 넣은 채로 양손을 개 앞에 내밀고 '어느 쪽에 있을까?' 하고 맞혀 보는 놀이야!

 한쪽 손에 간식을 넣고 양손을 개 앞에 내밀어요

작게 자른 간식을 한쪽 손에 쥐고 다른 한 손도 주먹을 쥔 후, 개 눈앞에 내밀어요. 익숙해질 때까지는 개가 볼 때 간식을 쥐는 편이 좋아요.

 개가 둘 중 한 손을 고를 때까지 기다려요

개가 어느 쪽에 간식이 들어 있는지를 고르고 사진처럼 앞발을 내밀거나 코끝으로 손을 누르는 등 어떤 행동을 할 때까지 기다려요.

 손을 펴서 선물을 줘요

정답을 골랐다면 손바닥을 펴서 그대로 간식을 선물로 줘요. 틀린 답이면 한 번 더 간식을 쥐고서 게임을 계속해 주세요.

포인트! 컵을 사용해도 좋아요

손을 사용하지 않고 간식을 컵에 넣어서 찾게 하는 방법도 있어요. 냄새가 잘 느껴지지 않아서 맞히기 어렵지만, 열심히 찾는 모습을 볼 수 있어요!

개와 함께 외출하기

주변 사람들에게 피해를 주지 않도록 훈련해요

귀여운 개와 함께 이곳저곳으로 나가 보고 싶은 반려인이 많아요. 호기심이 많거나 반려인과 함께 있는 것을 매우 좋아하는 개라면 분명 기뻐할 거예요. 하지만 외출하면 개가 익숙하지 않은 사람들도 만날 수 있어요. 주위에 피해를 주지 않기 위해 최소한의 훈련은 필요해요. 예를 들어 반려인이 말하는 것을 듣지 않고 계속 짖거나, '앉아' 등 기본 훈련이 되어 있지 않은 동안에는 외출을 자제해 주세요.

호두의 마음
평소와는 다른 곳에 가는 거죠? 기대되지만 긴장도 되어요. 자주 쉬면서 상태를 살펴봐 주면 좋겠어요!

개들 중에는 외출이 서툰 개도 있다는 걸 잊지 말아요!

외출 규칙 3가지

1. 목줄을 반드시 매요

외출 중에는 산책할 때와 마찬가지로 반드시 목줄을 매요. 이 동장에 넣을 경우에도 뛰쳐나가는 것을 막기 위해서 목줄을 꼭 매요.

2. 무리하지 말고 천천히 길들여요

안 가 본 장소에 가게 되면 무서워서 흠칫거릴 수 있어요. 처음에는 가까운 곳부터 익숙해진 다음 조금씩 거리와 시간을 늘려요.

3. 배설물은 깨끗하게 치워요

배설물을 치우는 용품이나 휴지는 항상 가지고 다니며 대소변을 깨끗하게 치워요. 외출 전에 집에서 배변을 보게 하는 것이 좋아요.

탈것을 이용할 경우에는?

자동차로 이동할 때

차 안에서 개를 풀어 두면 위험할 수 있어요. 운전을 방해하거나 좌석에서 떨어져 다칠 수 있거든요. 반드시 이동장에 넣어서 안전벨트로 고정하거나, 뒷좌석의 발밑에 두어요. 갑자기 움직이는 차에 태우지 말고 처음에는 서 있는 차에 태우고 차 안에 익숙해진 후에 이동해 주세요.

가장 좋은 방법은 차로 이동하는 거야. 반려인의 판단으로 쉴 수 있거든!

대중교통으로 이동할 때

버스와 지하철 규정상 이동장에 넣은 소형 반려동물만 동승이 가능해요. 장애인 표지를 부착한 장애인 보조견은 예외적으로 이동장 없이 탑승이 가능해요. 개가 이동장 안에 있더라도 불쾌한 냄새가 발생하면 주변 사람에게 피해를 줄 수 있으니 유의해 주세요.

코와 주둥이 부분이 짧은 견종은 더위에 약하므로 비행기 탑승이 거절될 수도 있대!

비행기에 탑승할 때

반려견의 비행기 탑승 규정은 항공사마다 달라요. 탑승 비용과 이동장 규격 등을 미리 알아보고 준비해 주세요. 화물칸에만 탑승해야 하는 경우도 있어요. 이런 경우 건강에 이상은 없는지 수의사와 상의해요.

주의! 멀미에 신경을 써요!

개도 사람과 마찬가지로 멀미를 해요. 위에 음식이 차 있으면 구토를 일으킬 수 있으니 먹이를 조금만 먹여요. 걱정되면 미리 동물병원에서 상담하고 약을 받아 두는 것이 좋아요.

개와 외출할 수 있는 이런저런 장소

> 우아, 진짜 재밌겠다! 호두랑 같이 가 볼래!

반려견 놀이터

목줄 없이 뛰어놀 수 있는 개들의 천국!

일종의 개 전용 놀이공원 같은 곳이에요! 규칙만 정확하게 지키면 목줄 없이 자유롭게 뛰어다닐 수 있어요. 개는 운동을 충분히 하고, 반려인은 다른 개의 반려인과 교류할 수도 있어요. 주의할 점은 다양한 개와 반려인이 있기 때문에 사고나 문제가 생기기도 쉬우니, 이용 중에는 절대로 자신의 개에게서 눈을 떼지 않도록 해요. 통제가 어렵거나, 다른 개와 친해지기 어려운 개라면 놀이터를 이용하지 않는 편이 좋아요.

신나게 달릴 거야!

안전한 반려견 놀이터 선택 방법

 1 지켜보는 사람이 있다
항상 지켜보는 사람이 있는 곳은 규칙을 지키지 않는 반려인에게 계속 주의를 기울이기 때문에 안전성이 훨씬 높아요.

 2 청소가 되어 있는 곳
배설물이 방치되어 있는 곳에서는 여러 질병에 감염될 가능성이 있어요. 구석구석 청소를 잘하고 있는지 확인해요.

 3 단독 사용이 가능한 곳
잘 모르는 개나 다른 반려인과의 마찰을 피하려면 단독 사용이 가능한 곳을 고르는 것이 가장 좋아요.

 **호두의 마음**
자유롭게 뛸 수 있는 건 좋지만 무리하지 말아요! 저는 반려인이 놀아 주는 것만으로도 충분해요!

개의 안전이 최우선이야!

반려견 카페

음식을 다루는 곳이니 위생에 주의해요

개와 함께 식사하거나 차를 마실 수 있는 곳으로, 개 전용 식사가 준비되어 있는 곳도 있어요. 반려견 카페를 이용할 때 조심할 것은 위생이에요. 털이 날리지 않도록 사전에 빗질을 한 후 강아지 옷을 반드시 입혀요. 예방 접종 확인이나 기저귀 착용, 화장실 관련 규칙이 카페마다 다르니 미리 확인한 후 방문하세요.

다 같이 오니까 정말 즐거워!

반려견 호텔, 펜션

숙소마다 조건이 다를 수 있으니 사전에 확인해요

개와 함께 여행하고 싶은 바람을 이룰 수 있는 곳이 반려견 호텔과 펜션이에요. 숙소에 따라서 지낼 수 있는 개의 종류와 사이즈 등 조건이 다양하기 때문에 미리 규정을 확인해 두어요.

호텔과 펜션도 반려견 카페와 마찬가지로 위생에 주의해요. 미리 샴푸와 손질을 하고 몸을 청결하게 한 다음 옷을 입혀서 출발해요.

 **개와 같이 캠핑해요!**

호텔에 머무는 것이 아니라 함께 캠핑하는 방법도 있어요. 운동을 좋아하는 개라면 반려인과 같이 즐길 수 있어요! 다만 캠핑장에는 개와 마주치고 싶지 않은 사람도 있을 수 있으니, 이웃 텐트의 사람들에게는 개를 데려왔다는 것을 미리 알려 주세요.

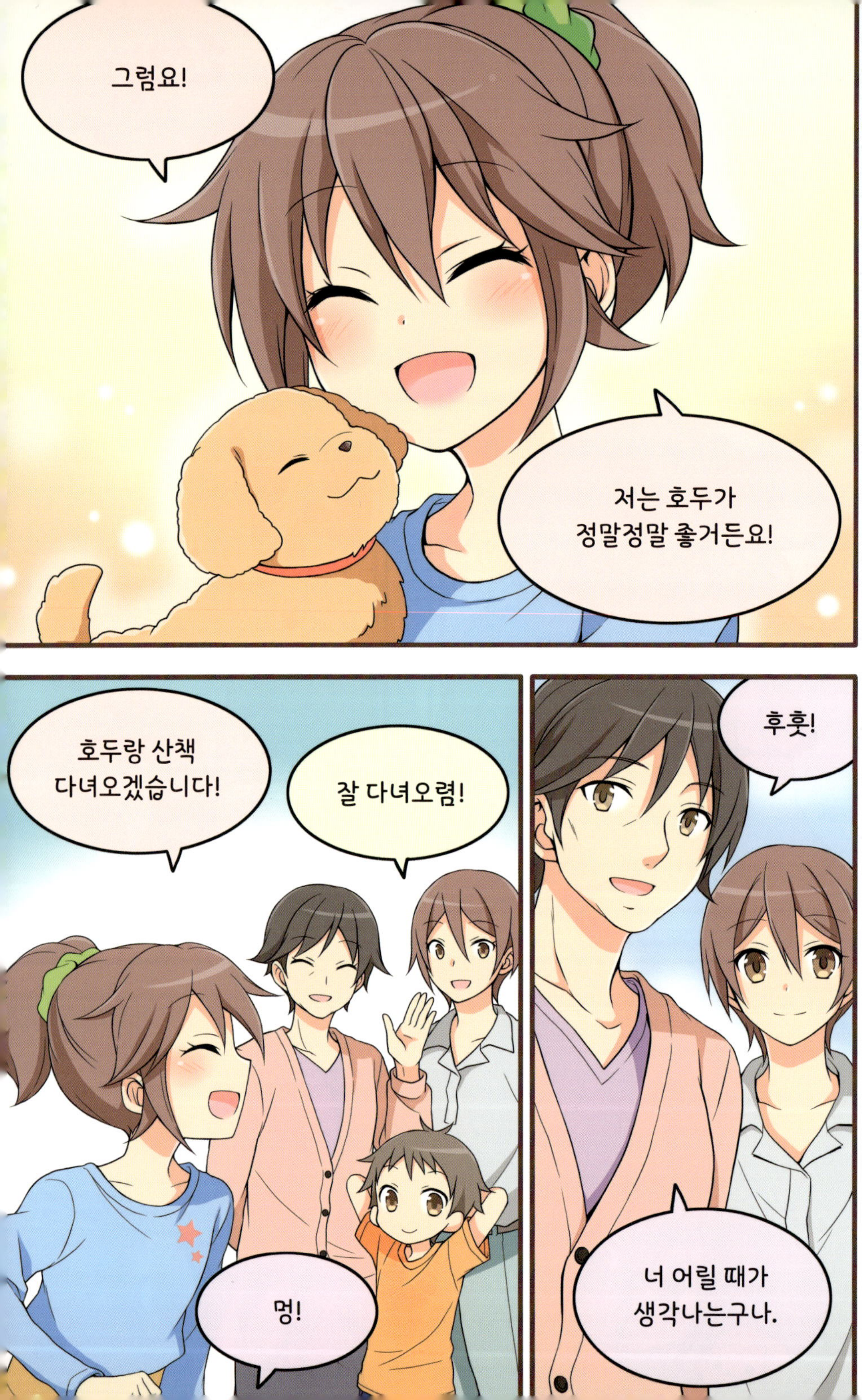
그럼요!
저는 호두가 정말정말 좋거든요!
호두랑 산책 다녀오겠습니다!
잘 다녀오렴!
멍!
후훗!
너 어릴 때가 생각나는구나.

표정과 몸짓으로 개의 기분 알기

호두의 마음
개는 사람의 말을 할 수 없지만, 우리만의 방법으로 열심히 기분을 전하고 있어요!

주의해서 관찰하면 개의 다양한 기분이 보여요

개는 원래 무리 지어 생활하는 동물이에요. 무리 안에서 자기들끼리 소통하며 살아왔지요.

기르는 개의 경우, 소통의 대상은 반려인이에요. 그래서 개는 반려인에게 열심히 자신의 기분을 전하려고 해요. 그런 개의 모습을 잘 관찰하여 기분을 알아주면 개와의 유대감이 더욱 깊어질 거예요. 지금보다 더 친해지기 위해서라도 개의 기분을 이해하는 방법을 배워 보아요.

내 기분을 알아주면 좋겠다!

눈을 가늘게 뜨거나 입꼬리를 올리는 것은 긴장을 풀고 쉬고 있다는 신호예요!

표정

상대를 지그시 바라본다

🔊 **정말 좋아!**

눈을 반짝반짝하며 기분 좋게 바라보는 것은 개가 여러분을 매우 좋아한다는 증거랍니다. 신뢰하는 사람이라서 눈을 맞추고 있는 거예요.

입을 살짝 벌리고 웃는다

🔊 **즐거워~**

입을 살짝 벌리고 입꼬리를 올려서 마치 웃는 것 같은 표정을 보이기도 해요. 개도 사람과 똑같이 즐겁다고 느낄 때 빙그레 웃음을 지어요.

헤헤!

이를 드러낸다

🔊 **물 거야!**

이를 드러내는 것은 가까이 다가오지 말라는 신호예요. 싸울 생각은 없이 위협만 하는 것으로, 상대가 조용히 물러갔으면 좋겠다고 표현하는 거지요.

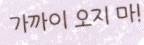
가까이 오지 마!

상대의 눈을 피한다

🔊 **싸움은 싫어!**

개의 세계에서는 눈을 맞추면 싸우는 경우가 있어요. 그래서 싸우고 싶지 않을 때는 상대의 눈을 피해 싸울 의지가 없음을 나타내는 거예요.

눈꼬리를 내린다

🔊 **무슨 일이지?**

무슨 일이 일어났는지 몰라 혼란스러울 때 개는 눈꼬리를 내리고 불안한 표정을 지어요. 반려인의 말을 알아듣지 못해 난처한 것일지도 몰라요.

멍멍! 무엇이 궁금하멍?

말을 걸면 왜 고개를 갸웃거려?

반려인의 목소리를 더 잘 들으려면 자연스럽게 고개를 갸웃거리게 돼. 고개를 기울여 좌우의 귀 높이를 바꿔서 소리를 더 잘 들리게 하는 것인지도 몰라.

자세

엉덩이를 올려서 꼬리를 흔든다

▶ 같이 놀자!

상반신은 엎드리고 엉덩이를 높이 든 채 꼬리를 흔드는 것은 '플레이 바우'라는 자세예요. 반려인이나 다른 개에게 같이 놀자고 조르는 거예요.

엉덩이를 뒤로 뺀다

▶ 무서워!

개가 뒷다리에 체중을 싣는 것은 바로 도망가기 위한 자세로, 도망치고 싶을 정도로 공포를 느끼고 있다는 거예요. 어려운 일이 생겼거나 무서운 친구를 만나서 도망치고 싶은 상황일지도 몰라요.

호두는 꼬리를 항상 팔랑팔랑 흔들어.

꼬리로 아는 기분

엉덩이와 함께 팔랑거린다

기쁠 때, 즐거울 때 등 기분이 좋을 때면 개는 엉덩이와 꼬리를 팔랑팔랑 흔들어요.

말아서 가랑이 사이에 넣는다

가랑이 사이에 꼬리를 말아서 넣는 것은 매우 불안해하는 상황이니 바로 도와주세요.

높은 위치에서 멈춘다

눈앞의 것에 흥미를 가지고 있다는 신호예요. 호기심이 커져서 두근거리는 거예요.

꼬리를 꼿꼿이 편다

꼬리를 등 쪽으로 꼿꼿이 펴고 있는 것은 아주 자신감이 넘치는 상태예요.

자는 모습으로 알 수 있는 편안함의 정도

자고 있는 자세로도 기분을 알 수 있다고? 호두 자는 모습도 관찰해 봐야지!

몸을 뻗어 옆으로 누워 있다

느긋

나른~

온몸의 힘을 빼고 편안한 상태로 느긋한 기분을 만끽하는 중이에요. 기본적으로 몸을 바로 일으킬 수 없는 자세로 자는 개는 안심하고 있다는 뜻이어서 반려인을 신뢰하게 되었다는 증거이기도 해요.

엎드린 자세로 잔다

주위를 경계하여 바로 일어설 수 있도록 네 다리를 땅 위에 대고 자는 거예요. 개가 경계하는 것이 무엇인지 살펴 주세요.

배를 드러내고 잔다

벌러덩 누워 자고 있으면 긴장감과 경계심이 없다는 거예요. 약점인 배를 드러내고 잘 만큼 반려인을 믿고 있답니다.

벽에 기대어 잔다

선 채로 잔다면 항상 긴장하고 있다는 거예요. 주위를 무서워하고 있으니 안심하고 지낼 수 있는 환경으로 만들어 주세요.

울음소리

멍! 하고 짧게 짖는다 ▶ 잠깐!

반려인을 잠깐 불러서 멈춰 세우고 싶을 때, '멍!' 하고 짧게 짖어요. 뭔가 볼일이 있는 것이 아니라 그냥 불러 본 경우가 많아요.

이런 경우도…
친한 개에게 인사

친한 개를 향해서 짧게 짖는 것은 가벼운 인사거나 같이 놀자는 신호예요.

포인트!
짖는 소리의 높이와 속도에도 주목해요!

공포심이 있거나 불안할 때는 높은 소리로, 화가 났을 때는 낮은 소리로 짖어요. 또 짖는 속도가 빠를수록 흥분도가 높다고 해요.

끙끙거린다

끄응~ ▶ 부탁해!

끙끙 소리를 내는 것은 대부분 무언가를 조르고 싶을 때예요. 이 귀여움에 부탁을 모른 척하기는 힘들겠죠?

왈! 하고 낮은 소리로 짖는다

▶ 움직이지 마!

개가 낮은 소리를 내는 것은 경계하고 있을 때예요. 짧게 짖는 것은 모르는 사람이나 이상한 소리를 경계해서 움직이지 말라고 경고하는 거예요.

멍멍멍! 하고 연속해서 짖는다 저기, 잠깐!

대부분의 경우 반려인에게 무언가를 요구할 때 짖는 거예요. 요구가 통하지 않으면 귀엽게 우는 소리로 계속 조르지만, 너무 응석 부리는 것은 주의해요!

이런 경우도…

배고파서 밥이 먹고 싶을 때 밥그릇 옆에서 연속해서 짖기도 해요.

이동장과 우리 안에서 짖는 것은 대부분 꺼내 달라는 거예요. 산책 가고 싶어서 현관 앞에서 짖는 개도 있어요.

실수로 개의 다리를 밟으면 '깨갱' 하고 비명을 지르기도 해요. 아픔과 놀람이 겹쳐서 나오는 우는 소리랍니다.

멀리까지 짖는 소리를 내는 것은 '나 여기 있어.'라는 표현이에요. 집에 사는 개는 멀리까지 짖지 않지만, 가끔 야생의 습관이 남아서 짖기도 해요.

작은 소리로 '킁!' 하고 울면 반려견이 외로워하는 걸 수도 있어요. 이런 소리를 내면 바로 돌봐 주고 싶어지는데, 어쩌면 이건 개의 작전일지도 몰라요!

으르렁… 낮게 으르렁거린다 더 이상 다가오지 마!

낮은 소리로 으르렁거리는 것은 더 이상 가까이 오지 말라는 뜻이에요. 개가 혼자 있게 해 주세요.

이런 경우도…

장난감을 끌어당기면서 낮은 소리를 내는 것은 사냥하는 본능이 자극받아, 무심결에 소리가 나온 것일지도 몰라요.

우는 소리에도 여러 종류가 있어!

몸짓

냄새를 맡는다

▶ 정보를 모아야지!

개가 땅 위의 냄새를 맡으며 돌아다니는 것은 정보를 모으기 위해서예요. 평소 산책하던 코스에서 냄새를 맡는 것은 새로운 정보가 없는지 확인하는 거랍니다.

앞다리를 핥는다

▶ 심심하네~

아기가 손가락을 입 안에 넣고 빠는 것처럼 아무런 할 일도 없어서 핥고 있는 경우가 많아요. 지루해하는 것이므로 마음껏 놀면서 스트레스를 풀게 해 주어요.

혀를 내밀고 호흡한다

▶ 더워~

개는 땀을 거의 흘리지 않아서 입으로 많은 공기를 들이마시는 것으로 체온을 조절해요. 입을 크게 벌리고 호흡하고 있으면 덥다는 신호예요.

두 다리로 선다

▶ 날 봐 줘!

개가 자신의 존재를 알리고 싶을 때, 두 다리로 선 자세를 보여요. 산책 중에 이러는 경우는 빨리 가자고 반려인을 재촉하는 것인지도 몰라요.

주의! 몸짓으로 알 수 있는 질병

평소와는 다른 행동을 취하거나 우는 것이 이상하다고 느껴질 때는 몸 어딘가에 통증이나 이상이 있을 가능성이 있어요. 상처나 병이 난 경우는 빨리 알아채고 치료해 주어야 합니다. 어딘가 이상하다고 느껴지면, 바로 수의사 선생님과 상담하세요.

몸의 털을 곤두세운다

🔊 **질 수 없지!**

상대에게 지지 않도록 조금이라도 몸을 크게 보이고 싶을 때 온몸의 털을 곤두세워요. 하지만 개는 기본적으로 싸움에 서툴기 때문에 내심 싸우지 않기를 바라고 있어요.

앞다리로 눈을 가린다

🔊 **눈이 가려워!**

마치 눈이 부신 것처럼 눈을 가리고 있지만, 어쩌면 눈이 가려운 것일지도 몰라요. 자꾸 눈을 비빈다면 동물병원에 데려가 보는 편이 좋겠죠?

몸을 부들부들 흔든다

🔊 **다 젖었어!**

털이 젖으면 체온이 떨어지기 때문에 몸을 부들부들 흔들며 물기를 터는 거예요. 목욕할 때 몸을 흔들어 반려인이 젖더라도 나쁜 뜻은 없으니 화내지 마세요.

이런 경우도…

부르르!

긴장해서 굳어진 몸을 풀기 위해 몸을 흔들고 있을 가능성도 있어요. 상대를 진정시키고 싶을 때 몸을 흔들기도 해요.

배를 보인다

🔊 **배를 만져 줘~**

자신의 약점인 배를 보이는 것은 반려인을 매우 신뢰하고 있다는 증거예요. 놀아 날라고 이리광 부리는 것일지도 몰라요.

땅에 구멍을 판다

▶ 차가운 흙을 찾아야지!

개가 구멍을 파는 것은 차가운 흙을 찾기 위해서예요. 더운 날은 땅 위도 뜨거워지기 때문에 차가운 흙 위에서 낮잠을 자고 싶은지도 몰라요.

팍팍!

몸을 긁는다

▶ 편안해지고 싶어!

몸이 간지럽지 않아도 긴장으로 움츠러든 몸을 풀어서 편안해지고 싶을 때 목 주위를 박박 긁기도 해요.

땅 위에 등을 비빈다

▶ 이 냄새, 마음에 들어!

땅 위에 등을 비빈다면 그곳에서 마음에 드는 냄새가 나는 것일지도 몰라요. 샴푸 후에 자신의 냄새를 되찾기 위해 비비는 개도 많다고 해요.

자신의 꼬리를 쫓는다

▶ 기분 전환이 필요해!

할 일이 없어서 지루할 때 느닷없이 자신의 꼬리를 쫓아서 빙글빙글 돌아요. 꼬리는 아무리 쫓아가도 도망가기 때문에 놀기에 딱 좋지요.

⚠️ 주의! 몸을 계속 비빈다면…

몸의 일부를 벽과 땅에 비벼 대면 그 부분이 가려운 것일 수 있어요. 피부가 더럽거나 염증이 생기지는 않았는지 잘 확인해 주세요. 계속 비비는 것 같으면 동물병원에서 진찰을 받는 것이 좋습니다.

반려인의 얼굴을 핥는다

▶ 어리광 부리고 싶어!

강아지는 어미의 입가를 날름날름 핥아서 배고프다고 알려요. 반려인을 핥는 것도 마찬가지로 배고프다는 응석의 표현일 거예요.

날름날름~

몸을 기댄다

꼭 붙어 있을래!

개가 찰싹 기대는 것은 좋아하는 반려인과 붙어 있고 싶다는 신호예요. 응석꾸러기 스위치가 켜진 상태인 거지요.

개는 몸의 일부를 붙이고 있으면 안심해요

야생에서의 개는 무리끼리 엉덩이를 서로 붙이고 잤어요. 몸을 붙이는 것은 그때 남은 흔적으로, 반려인의 체온을 느끼면 안심한다고 해요.

우리의 기분이 전해졌을까?

몸짓과 울음소리의 의미를 알았으니 호두와 더 친해질 것 같아!

포인트! 카밍 시그널에 주목해요

카밍 시그널은 개가 무의식적으로 긴장을 누그러뜨리거나 기분을 진정시키기 위해 취하는 행동이에요. 젖지 않았는데도 몸을 부들부들 흔들거나 하품을 여러 번 반복하는 경우는 긴장을 풀기 위한 카밍 시그널일지도 몰라요.

쭈욱~

하아~

← 하품

날름

앞다리를 든다.

우아!
내가 호두 생각을
또 맞혔구나!
날름
날름
유나야, 호두야!
집에 가자!
네, 엄마!
호두야, 너랑 함께여서
기쁘고 행복해!
앞으로도
늘 함께 있자!

행복한 강아지 키우기

2025년 6월 25일 1쇄 발행 | 2025년 8월 8일 2쇄 발행
감수 이하라 료 | **옮긴이** 이은선
기획·편집 서영민, 박보람 | **디자인** 디자인파크
펴낸이 안은자 | **펴낸곳** (주)기탄출판 | **등록** 제2017-000114호
주소 06698 서울특별시 서초구 효령로 40 기탄출판센터
전화 (02)586-1007 | **팩스** (02)586-2337 | **홈페이지** www.gitan.co.kr

Inu ga Ouchi ni Yattekita! ⓒ Gakken
First published in Japan 2017 by Gakken Plus Co., Ltd., Tokyo
Korean translation rights arranged with Gakken Inc.
Through JM Contents Agency Co.

이 책의 한국어판 저작권은 JM Contents Agency를 통해 저작권자와
독점 계약한 (주)기탄출판에 있습니다.

※ 저작권법에 의해 한국 내에서 보호를 받는 저작물이므로 무단 전재와 복제를 금합니다.
※ 잘못된 책은 구입처에서 교환해 드립니다.

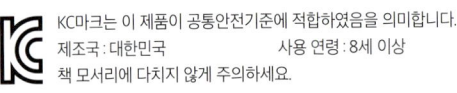

KC마크는 이 제품이 공통안전기준에 적합하였음을 의미합니다.
제조국: 대한민국   사용 연령: 8세 이상
책 모서리에 다치지 않게 주의하세요.